westermann

Lesen

Erarbeitet von

Heike Baligand
Angelika Föhl
Nadine Pistor
Elke Schnepf-Rimsa

in Zusammenarbeit mit der
Westermann-Grundschulredaktion

Unter Beratung von

Nadin Haida-Herklotz
Miriam Jacobs
Katharina Jorga
Insa Scheller
Christina von Weyhe
Prof. Dr. Anja Wildemann

Illustriert von

Karoline Kehr und Susanne Schulte

Flex und Flora 3
Deutsch

Inhaltsverzeichnis

Seite

Gut starten

Datum: ______________

1 Suche dir ein Partnerkind für die Aufgabe 2.

____
Unterschrift Partnerkind

2 Spielt das Spiel.

Bodo liest ein Buch.	Opa backt einen Kuchen.
Der Hund schläft unter dem Tisch.	Das Baby liegt in der Wiege.
Ein rotes Auto fährt um die Kurve.	Das Kind schläft.
Papa deckt den Tisch.	Mama mäht den Rasen.
Opa liegt in der Badewanne.	Die Kinder pflanzen Blumen.
Mia bestellt eine Pizza.	Max kauft ein Eis.
Lena geht mit dem Hund spazieren.	Lukas rutscht von der Rutsche.
Theo springt ins Wasser.	Lukas schreibt eine Geschichte.
Herr Müller erzählt einen Witz.	Anna schießt ein Tor.
Das Glas steht auf dem Tisch.	Mia telefoniert mit Max.
Lukas hat eine blaue Jacke an.	Frau Meier erzählt eine Geschichte.
Ming malt ein Bild.	Oma bestellt ein Eis.
Oma bestellt ein Wasser.	Mia ist von der Schaukel gefallen.

Sätze durch antizipierendes Lesen identifizieren
Deutlich vorlesen und genau zuhören

Fö 177

3 Lies die Aufgaben und bearbeite sie.

a) Was kann man essen? Kreise ein.

b) Was passt zum Sommer? Unterstreiche.

heiß Freibad Schneeanzug frieren Sonne Schlitten

c) Streiche das Wort **Streit** durch.

Strich Stück Stuhl Strick Streit Strumpf

d) Kreise die Zahl in der Mitte ein. 5 7 2

e) Male den Kreis grün aus.
Zeichne einen blauen Kreis links daneben.
Zeichne einen gelben Kreis
rechts neben den grünen Kreis.
Zeichne ein Dreieck über den grünen Kreis.

4 Lies und markiere alle Farben im Text.
Male so, wie es im Text steht.

Die grüne Hose von Clown Pepe ist schön.
Seine Hosenträger sind rot.
Die sehen toll zu seinem gelben Hemd aus.
Es hat runde, schwarze Knöpfe.
Pepes rote Nase passt gut
zu seinem blauen Hut.
An seinem Hut hängt eine gelbe Blume.
Pepe trägt schwarze Schuhe und
blaue Handschuhe.
Er hat drei rote Bälle in die Luft geworfen.

Lesen üben mit Wörtern und Sätzen

Datum: ____________

1 Sprich mit einem Partnerkind.
Welche zwei Wörter meint Flora?
Streiche sie durch.

Unterschrift Partnerkind

2 Wo beginnt ein neues Wort? Zeichne Striche.

a) blau|lilagelbweißgrünpinkschwarzbraunrot

b) gackernbellenzwitschernmuhenwiehern

c) gehenrennenlaufenspazierenjoggenwandern

3 In jeder Zeile passt ein Wort nicht. Streiche es durch.

a) Kopf Fuß Nase Bauch Stock Finger Rücken Arm Hand Bein

b) schwer kalt groß schwach warm leicht essen klein stark

c) Oma Briefträger Tochter Vater Sohn Mutter Opa

4 Warum passen
die durchgestrichenen Wörter
in Aufgabe 3 nicht?
Erkläre es einem Partnerkind.

Unterschrift Partnerkind

95

Fantasiewörter identifizieren
Wortgrenzen erkennen
Semantisch unpassende Wörter erkennen und die Auswahl begründen

Fö 180

5 Lies die Sätze und schau dir die Bilder an.
Welches Bild passt zum Text? Kreuze an.

a) Lea hat einen Bleistift,
einen Radiergummi und
ein weißes Blatt
auf den Tisch gelegt.

b) Pius malt ein Tier, das er sich
bei einem Ausflug in den Zoo
anschauen möchte.

c) Aaron schreibt auf,
was er im Zoo über ein Tier
herausfinden möchte.

6 Lies die Sätze. Immer zwei Wörter sind vertauscht.
Markiere sie.

a) In der Pause treffen sich Mia und Leon auf dem Ball.
Dort wollen sie mit einem Schulhof spielen.

b) Mia wirft den Ball hoch in die Erde.
Leon fängt den Ball nicht und er fällt auf die Luft.

c) Schnell nimmt Mia zum Ball.
Sie läuft ihn in beide Hände.

d) Mia versucht, den Korb in den Korb zu werfen.
Leon steht unter dem Ball und will den Ball fangen.

e) Mia trifft den Korb und fängt vor Freude in die Hände.
Leon klatscht den Ball und wirft ihn im hohen Bogen in den Korb.

7 Lies die Sätze von Aufgabe 6
einem Partnerkind richtig vor.

____
Unterschrift Partnerkind

Datum: ____________

1 Lies die Wörter. In jedem Kasten stehen zwei Quatschwörter.
Streiche sie durch.

spielen lachen rennen
tauschen jagen kitzukeln
zerkrümeln verstecken
~~zerlukseln~~ zerstampfen

Kind Bleistift Schule Sport
Heft Malkasten Bulch
Mathematik Musik Deutsch
Murkelup Ferien Pause

lustig traurig fröhlich blöd
spannend gruselig leise
nervig lupiertig schön kalt
laut hell hollig wütend

der die das du ich wir
hier paar plux quer ab
also bin bunt süß
uns vor wruk zehn sehr

2 Markiere die zehn Tiernamen im Buchstabengitter.

G	X	W	I	N	D	X	U	R	G	A	U	K	T	E
U	P	E	X	H	U	T	B	Z	K	N	A	L	L	R
P	R	L	K	A	R	P	A	P	A	G	E	I	Y	E
O	O	L	B	M	T	G	N	X	N	Y	E	D	X	N
M	E	E	R	S	C	H	W	E	I	N	C	H	E	N
A	W	N	E	T	Z	H	M	O	N	C	R	F	C	M
M	T	S	W	E	U	B	Q	P	C	X	T	H	V	A
A	T	I	I	R	E	L	B	I	H	N	E	U	B	U
V	E	T	D	F	O	O	P	A	E	B	U	N	N	S
K	A	T	Z	E	P	P	P	O	N	Y	P	D	M	R
A	G	I	B	V	A	X	I	D	H	N	I	G	Q	T
L	X	C	W	Q	G	O	L	D	F	I	S	C	H	Z
T	P	H	K	L	S	C	Z	F	J	M	U	P	W	U

3 Finde mindestens fünf weitere Wörter im Buchstabengitter. Schreibe.

____

____

Fantasiewörter identifizieren
Tierwörter in einem Buchstabengitter identifizieren
Weitere Wörter in einem Buchstabengitter identifizieren

Datum: ____________

4 Lies die Sätze. Kreuze die richtige Antwort an.

a) Damit kann ich nicht schreiben: ☐ Stift ☒ Tomate ☐ Füller
b) Dieses Tier kann fliegen: ☐ Maus ☐ Adler ☐ Ameise
c) Das kann ich nicht lesen: ☐ Buch ☐ Comic ☐ Bach
d) Dieses Tier kann rennen: ☐ Löwe ☐ Schnecke ☐ Fisch

5 Lies die Wörter. Markiere die beiden vertauschten Buchstaben.
Schreibe die Wörter richtig.

Huppensühner Suppenhühner

Zeseleichen ______________________

Rilderbahmen ______________________

Jinterwacke ______________________

Tunderwüte ______________________

Zannentapfen ______________________

6 Welche Wörter passen zusammen? Verbinde.

Gärtner	Bürste
Schneider	Computer
Bürokaufmann	Gießkanne
Apothekerin	Nähmaschine
Frisör	Medikament

Erzieher	Sauerstoffflasche
Tischlerin	Rettungsring
Musikerin	Vorlesebuch
Bademeister	Säge
Taucherin	Trompete

Datum: ______________

1 Lies die Sätze.
Kreuze jeweils den richtigen Satz an.

a) ☐ In der Schule darf man in der Pause auf dem Dach spielen.
☒ In der Schule darf man in der Pause auf dem Schulhof spielen.

b) ☐ Wenn es regnet, bleibt die Schule immer geschlossen.
☐ Wenn es regnet, bleibt die Schule nicht geschlossen.

c) ☐ Wenn man Probleme hat, dann kann man sich Hilfe holen.
☐ Wenn man Probleme hat, dann kann man sich Hamster holen.

d) ☐ Wenn man einen Lehrer etwas fragt, gibt er eine Antwort.
☐ Wenn man einen Lehrer etwas fragt, gibt er eine Ananas.

e) ☐ Ist die Schule zu Ende, können die Kinder nach Hause gehen.
☐ Ist die Schule zu Ende, können die Krokodile nach Hause gehen.

f) ☐ Oft gibt es in der Schule ein Mittagessen.
☐ Oft gibt es in der Schule ein Abendessen.

2 Welche Gesprächsregeln sind sinnvoll? Kreuze an.

- Ich lache andere nicht aus, wenn sie etwas sagen. ☒
- Ich lasse andere ausreden. ☐
- Ich benutze Schimpfwörter. ☐
- Ich höre nicht auf das, was meine Lehrerin oder mein Lehrer sagt. ☐
- Niemand darf verletzt werden, auch nicht mit Worten. ☐
- Ich melde mich und warte, bis ich drankomme. ☐
- Ich höre gut zu, wenn jemand spricht. ☐
- Ich rufe so laut wie ich kann, wenn ich eine Frage habe. ☐

3 Verändere die drei Regeln ohne Kreuz so,
dass daraus sinnvolle Regeln werden. Schreibe alle Regeln ins Heft.

4 Schau dir das Bild an und lies die Sätze. Vergleiche und kreuze an.

	stimmt	stimmt nicht
a) Es ist halb acht.	☐	☒
b) In der Klasse sind 15 Kinder und die Lehrerin.	☐	☐
c) Ein Kind schreibt eine Geschichte am Computer.	☐	☐
d) Am Fenster hängen gebastelte Blumen.	☐	☐
e) Ein Mädchen holt eine Schere aus dem Regal.	☐	☐
f) Ein Junge steht auf seinem Stuhl und gähnt.	☐	☐
g) Zwei Kinder lesen gemeinsam ein Buch.	☐	☐
h) Die Lehrerin sitzt mit drei Kindern an einem Tisch. Sie spielen ein Kartenspiel.	☐	☐
i) Fünf Kinder sitzen an einem Tisch und üben Wörter mit der Wörterschachtel.	☐	☐
j) Ein Kind wartet schon an der Tür.	☐	☐

5 Schreibe selbst vier Sätze zu dem Bild ins Heft.
Lies sie einem Partnerkind vor.
Es hört genau zu und findet heraus,
ob die Sätze stimmen oder nicht.

____
Unterschrift Partnerkind

Lesen üben mit Texten

Datum: ____________

1 Sprich mit einem Partnerkind.
Was könnten die Wörter **Drubiesel** und **julanken** bedeuten?

____
Unterschrift Partnerkind

2 Lies den ganzen Brief.
Was bedeuten die Quatschwörter? Kreuze an.

Lieber Flex,

in den Sommerferien war ich mit meiner Mutter im Drubiesel.

Dort habe ich ihr gezeigt, wie gut ich julanken kann.

Es war genau das richtige Wetter, um in das Drubiesel zu gehen.

Die Sonne schien und es war richtig heiß.

Ich wollte gar nicht mehr damit aufhören, in das Wasser zu julanken.

Im Drubiesel gibt es einen tollen Sprungturm.

Viele ältere Kinder julanken vom 10-m-Brett,

aber ich habe mich das nicht getraut.

Drubiesel ist:
- ☐ der Zoo
- ☐ das Freibad

julanken bedeutet:
- ☐ springen
- ☐ tauchen

3 Welche Wörter haben dir bei der Lösung geholfen?
Markiere sie im Text von Aufgabe 2.

Vermutungen zu Fantasiewörtern anstellen
Fantasiewörter aus dem Textzusammenhang erschließen
Schlüsselwörter im Text erkennen

Datum: ______________

4 Lies den Text.
Setze die fehlenden Wörter in den Text ein. Ein Wort passt nicht.

Bruder
mein
Ruhe
überreden
~~Bett~~
sofort
Buch
sprechen

Mein Bruder und ich

Am Wochenende bleibe ich gern lange im Bett liegen. Dann lese ich ein ______.
Mein ______ ist ganz anders als ich.
Er wacht morgens auf und will ______ spielen.
Kaum ist er wach, stellt er sich vor ______ Bett und ruft: „Steh auf! Steh auf!"
Meistens mache ich das dann auch.
Er gibt ja sowieso keine ______.
Manchmal kann ich ihn dazu ______, dass wir uns zusammen eine Geschichte anhören.

Du kannst einen **Text** besser verstehen, wenn du dir **vorstellst**, was du liest.
Viele Texte musst du **bis zum Ende lesen**, damit du sie verstehen kannst.

5 Lies den Text in Geheimschrift.
Mache immer dort einen Strich, wo ein neues Wort beginnt.

KENNS T|DUD IES ENT RICK?
WE NNDU EI NENTEX TIN GEHEIMSCHRIFT
SCHREI BENWILL ST, VERÄND EREEIN FACH
DIELÜ CKENZWI SCHENDENB UCH STABEN.

6 Warum ist die Geheimschrift in Aufgabe 5 so schwer zu lesen?
Erkläre es einem Partnerkind.

____
Unterschrift Partnerkind

Stolperwörter finden und ersetzen

Datum: ______________

1 Lies den Text.
In jeder Zeile passt ein Wort nicht. Streiche es durch.

Besuch in der Klasse 3a

Heute ist ~~Hunde~~ Frau Blum mit ihrem Schäferhund Nero zu Besuch.
Frau sind Blum ist auf beiden Augen blind.
Sie kann nichts sehen gute.
Nero ist ein Blindenhund und hilft Frau Blum jeden Helfer Tag.
Er hört genau auf das, was und Frau Blum ihm sagt.
Einige Dinge tut Nero aber auch von Freunde ganz allein.
An Treppen für bleibt der Hund immer stehen.
So fällt Frau Blum die Treppe Menschen nicht hinunter.

2 Lies den Text. Streiche die falschen Wörter durch
und schreibe die richtigen Wörter daneben.
Vier Wörter aus dem Kasten passen nicht.

Futter	Flugzeuge	sauber	laut	klein
Haustiere	Reptilien	gut	~~Hamster~~	niemals

Hamster und Rennmäuse

~~Elefanten~~ und Rennmäuse sind kleine Haustiere. Hamster

Sie brauchen jeden Tag Wasser und Autos. ______

Ihr Käfig muss groß genug und schmutzig sein. ______

Weil Hamster und Rennmäuse schnell erschrecken
und so groß sind, muss man vorsichtig mit ihnen sein. ______

Diese Zootiere werden etwa drei Jahre alt. ______

Wenn man sich um sie kümmert und
sie schlecht pflegt, können sie auch älter werden. ______

Syntaktisch unpassende Wörter in einem Text finden
Semantisch unpassende Wörter in Sätzen ersetzen

KV 152
Fö 186
HR

Datum: ______________

1 Lies die Überschriften und den Text.

In der Schulbücherei	Im Kino

1	Jeden Montag dürfen wir in der Pause in unsere Schulbücherei.
2	Tom und seine Oma wollen sich einen Film ansehen.
3	Es ist Toms erster Kinobesuch. An der Kasse kauft Oma die Karten.
4	Am liebsten leihe ich mir dort Bücher über Tiere aus.
5	Bevor der Film beginnt, darf Tom sich eine Tüte Popcorn kaufen.
6	Als Nächstes will ich mir ein Hörbuch ausleihen.
7	Dann wird es dunkel im Saal und der Film beginnt.

2 Welche Sätze in Aufgabe 1 gehören zum Text **Im Kino**? Markiere in jedem dieser Sätze mindestens ein Wort, das zur Überschrift **Im Kino** passt.

3 Schreibe die Nummern der Zeilen, die zum Text **In der Schulbücherei** gehören: Zeilen: 1,

4 Lies den Text.

Die Lesenacht

Am Samstag war in unserer Bücherei eine Lesenacht. Mein Freund Aras und ich sind auch dorthin gegangen. Zuerst haben wir uns etwas vorlesen lassen. Das war schön. Dann habe ich mich in ein Zelt verkrochen, das im Lesesaal aufgebaut war. Schlangen gehören zu den Reptilien. Sie können ihr Maul sehr weit öffnen. So können sie auch große Beutetiere verschlingen. Dort habe ich mit meiner Taschenlampe so lange gelesen, bis mir die Augen zugefallen sind.

5 Drei Sätze passen nicht zur Überschrift. Streiche sie durch.

6 Woran hast du erkannt, dass diese Sätze nicht zum Text gehören? Erkläre es einem Partnerkind.

____
Unterschrift Partnerkind

Datum: ______________

1 Lies den Text und schau dir die Bilder an.

Ausflug in den Zoo

Gleich geht es los. Die Klasse 3b fährt in den Zoo.
„Hat jeder seine Jacke angezogen?“, fragt Frau Konst die Kinder.
„Und vergesst nicht, einen Hut oder eine Kappe auf den Kopf zu setzen!
Den Rucksack schnallt sich jeder auf den Rücken.
Wer damit fertig ist, stellt sich auf.“
Kurze Zeit später rufen Micha, Nele und Torben: „Fertig!“

Micha ☐

Nele ☐

Torben ☐

2 Nur ein Kind hat alles richtig gemacht. Kreuze das Bild an.

3 Welche Wörter im Text haben dir geholfen, das richtige Kind zu finden? Markiere.

4 Lies den Rätseltext. Schreibe die Namen der Kinder unter die Dosen. Male die Dosen richtig an.

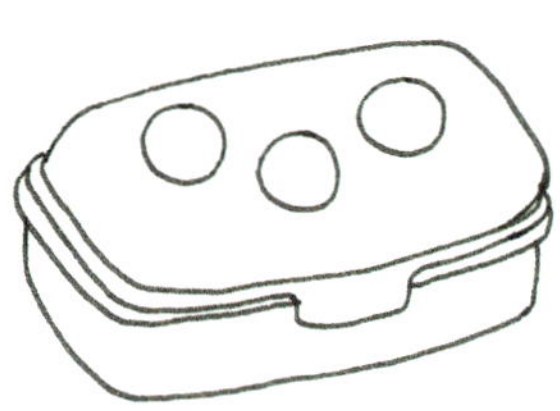

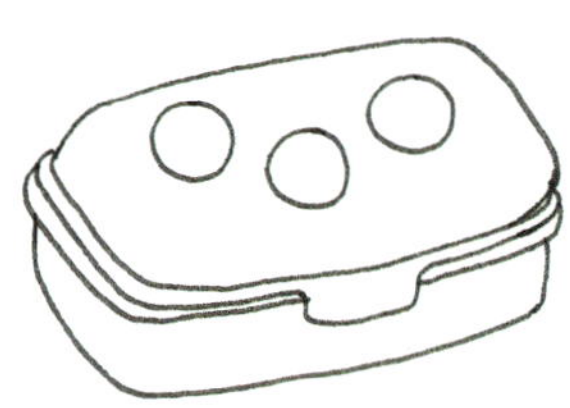

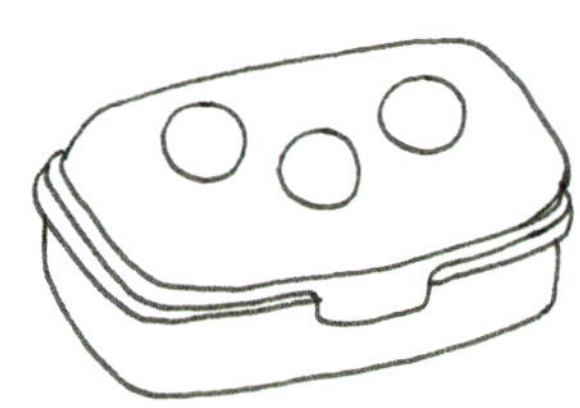

______________ ______________ ______________

Die blaue Dose hat rote Punkte.
Auf der roten Dose sind die Punkte grün.
Die erste Dose hat rote Punkte.
Tom hat eine blaue Dose.
Efe gehört die rote Dose in der Mitte.
Lauras gelbe Dose hat blaue Punkte.

Schreibe oder male erst, wenn du etwas sicher weißt. Lies den Rätseltext mehrmals.

102

Einem Text ein passendes Bild zuordnen
Schlüsselwörter markieren
Ein Logical lösen

KV 154
Fö 188 / Fo 74

Datum: ____________

1 Lies die Geschichte.

Der Wunschbaum

Der alte Baum stand schon seit ewigen Zeiten auf der grünen Wiese.
Er hatte viele starke Äste und seine Blätter hatten wunderbare Farben.
Sie waren nicht nur grün, sondern die Blätter konnten
ihre Farbe ändern. Sie hatten immer genau die Farben,
die das Kind, das den Baum anschaute, am liebsten mochte.
An einem Ast des Baumes hing eine Schaukel.
Es wuchsen auch Früchte an dem Baum,
aber das waren nicht nur Äpfel oder Birnen oder Kirschen!
Nein, an dem Baum wuchs alles, was sich ein Kind nur wünschen kann.

2 Welche Dinge im Text kannst du zeichnen? Markiere.

3 Ergänze im Bild die markierten Dinge von Aufgabe 2. Male dann weiter.

4 Stelle deinen Wunschbaum einem Partnerkind vor. Beschreibe ihn genau.

____
Unterschrift Partnerkind

Textteile lesen und ordnen

Datum: ____________

1 Hier sind ein Sachtext, ein Gedicht und eine Geschichte durcheinandergeraten.
Zu jedem Text gehören vier Felder.

Titel und Autor | Teil 1 | Teil 2 | Teil 3

Lies die Textteile auf dieser Doppelseite.

2 Umrande die Textteile: die zum Sachtext gehören **grün**, die zum Gedicht gehören **blau** und die zur Geschichte gehören **rot**.

Bei der Feuerwehr
von Martin Nader

Es war einmal ein großer Mann,
der fing wie wir am Boden an,
doch ging zu Ende dieser Mann
erst ganz hoch oben irgendwann.

Der große Mann
von Josef Guggenmos

Die Feuerwehr erreicht man unter der Telefonnummer 112. Wenn es brennt, wenn ein Unfall passiert ist, bei Hochwasser oder auch in anderen Notfällen ist die Feuerwehr bereit zum Einsatz.

Mariams Lieblingsspiel
von Nora Niebus

Jambo! Hallo! Ich heiße Mariam und lebe in Kenia in Afrika. Mein Lieblingsspiel ist das Bohnen-Spiel. Wir spielen es zu dritt oder viert im Sand. Dazu zeichnen wir eine große Spirale in den Sand. Jedes Kind bekommt zwei Bohnen und legt eine davon in die Mitte der Spirale.

Zum Einsatz tragen Feuerwehrleute einen feuerfesten Anzug, Sicherheitsstiefel, einen Helm mit einem Schutz für das Gesicht und den Nacken und einen Gurt. An dem Gurt können das Feuerwehrbeil oder andere Teile der Ausrüstung befestigt werden.

Doch sonst
war nichts Besondres dran
an diesem Herrn,
dem großen Mann.

Sein Kopf war voller Beulen.
Er sprach: „Es ist zum Heulen,
andauernd stoß ich armer Mann
an Sonne, Mond und Sternen an!“

Hat das Kind falsch geraten, hat das zweite Kind die Runde gewonnen. Es darf seine Bohne weiterschieben und das dritte Kind fragen. Wer zuerst am Ende der Spirale ankommt, hat gewonnen.

Die andere Bohne behält es in der Hand. Nun geht es reihum. Das erste Kind versucht zu erraten, in welcher Hand das nächste Kind seine Bohne hält. Hat es richtig geraten, darf es seine Bohne einen halben Kreis weiterschieben und das nächste Kind fragen.

Es gibt die Berufsfeuerwehr und die Freiwillige Feuerwehr. Wer bei der Freiwilligen Feuerwehr arbeitet, hat noch einen anderen Beruf. Wenn man zu einem Einsatz gerufen wird, muss man seine Arbeit unterbrechen.

3 An welchen Wörtern im Text hast du erkannt, welche Textteile zusammengehören? Markiere.

4 Wähle einen dieser Texte aus.

a) Übe, ihn vorzulesen. Lies ihn dann einem Partnerkind vor.

b) Ist dein Text ein Sachtext, ein Gedicht oder eine Geschichte? Erkläre es deinem Partnerkind.

____
Unterschrift Partnerkind

Zuhörstrategien nutzen

Datum: ______________

1 Suche dir ein Partnerkind für die Aufgaben 2–6.

____
Unterschrift Partnerkind

2 Sprecht über diese Fragen:

a) Was meint Flex?

b) Wo und wann hört ihr zu?

c) Wem oder was hört ihr zu?

d) Wann macht euch das Zuhören Spaß? Wann fällt es euch schwer?

3 Welche Situation aus dem Bild oben passt zu welchem Satz? Schreibt **A B C** in die Kreise.

◯ Man hört zu, weil man etwas lernen will.

◯ Man hört zu, weil man neugierig ist, was die anderen zu sagen haben.

◯ Man hört zu, weil man wissen will, was in der Geschichte passiert.

Sich verschiedener Zuhörsituationen bewusst werden
Über Zuhörsituationen nachdenken

4 Lest die Überschrift der Geschichte von Aufgabe 5.
Worum könnte es in der Geschichte gehen? Sprecht darüber.

Zuhörstrategien helfen dir, Gehörtes besser zu verstehen.
Dabei gehst du Schritt für Schritt vor.

Vor dem Zuhören

Du überlegst: Worum könnte es gehen?
Du setzt dich so hin, dass du gut zuhören kannst.

5 Lasst euch die Geschichte vorlesen.
Macht euch beim Zuhören im Kopf ein Bild von dem, was passiert.

Der größte Streit der Welt
von Nina Petrick

„Das wird toll morgen!“, sagt Cleo zu ihrer Freundin Luzie. Morgen wird Luzie bei ihr übernachten, und Cleo hat mit ihr viel vor: Popcorn machen, Pizza essen, sich verkleiden ... Luzie hat aber vergessen, dass sie morgen zu Tante Gerdas Geburtstag fährt. Deshalb kann sie gar nicht bei Cleo übernachten. „Was ist denn los? Bist du krank?“, fragt Cleo. Für einen Moment ist es still. „Ich kann morgen nicht bei dir schlafen“, sagt Luzie leise. Sie versucht es zu erklären. Cleo starrt Luzie an. Wortlos. „Es tut mir leid“, sagt Luzie. Cleo guckt böse. „Wir holen das ja nach“, schlägt Luzie vor. Aber Cleo schnaubt wütend. „Eine beste Freundin macht so etwas nicht!“, ruft Cleo. Ein Wort ergibt das andere. Auch Luzie ist jetzt sauer. „Du bist kleinlich und nachtragend!“ „Man soll eben nichts versprechen, was man nicht halten kann!“, schreit Cleo. Luzie zeigt ihr einen Vogel und rennt aus dem Zimmer. „Weißt du was! Ich bin froh, dass wir wegfahren!“ „Hau doch ab! Mit dir rede ich nie wieder!“, schreit Cleo hinter ihr her. *(gekürzt)*

Beim Zuhören

Du hörst genau zu. Im Kopf machst du dir ein Bild von dem, was du hörst.
Wenn du etwas nicht verstanden hast, fragst du nach.

6 Sprecht über diese Fragen:

a) Was ist in der Geschichte passiert?

b) Welche Bilder sind in euren Köpfen beim Zuhören entstanden?

c) Warum sind Cleo und Luzie so sauer? Wie könnten sie sich vertragen?

Nach dem Zuhören

Du denkst über das nach, was du gehört hast.
Du kannst Fragen stellen.
Du kannst auch mit anderen Kindern darüber sprechen.

Ein Streitgespräch lesen und hören

Datum: ______________

1 Suche dir ein Partnerkind für die Aufgaben 2–5.

____
Unterschrift Partnerkind

2 Der Text von Aufgabe 4 heißt **Streit im Kinderzimmer**. Was könnte da passiert sein? Sprecht darüber.

3 Übt den Text vorzulesen. Kind A liest den schwarz gedruckten Text, Kind B liest den blau gedruckten Text.

4 Deckt den Teil ab, den euer Partnerkind liest. Lest das Streitgespräch. Hört einander genau zu und lest erst vor, wenn euer Partnerkind fertig ist.

Streit im Kinderzimmer

A: Gib mir sofort meinen Superhelden zurück. Ich wollte gerade damit spielen!

B: Das ist gar nicht deiner! Den hast du mir geschenkt!

A: Ich hab ihn dir geschenkt? Niemals! Du spinnst wohl, du Lügner!

B: Ich lüge? Du lügst! Du spielst doch nie mit dem!

A: Aber jetzt will ich damit spielen. Gib ihn sofort her!

B: Da hast du deinen Superhelden.

A: Aua! Warum wirfst du ihn mir an den Kopf?

B: Ich soll ihn dir an den Kopf geworfen haben? Das war ich nicht!

A: Natürlich warst du das!

B: Ich war das nicht. Dein Superheld ist gegen deinen Kopf geflogen.

A: Ha, ha, ha! Guck mal, wie er fliegen kann!

B: Jaaaa! Und der Teddy fliegt auch! Komm, wir spielen draußen mit unseren fliegenden Superhelden.

A: Coole Idee!

5 Wie kam es zu dem Streit? Wie ging er zu Ende? Sprecht darüber.

Eine Hörerwartung aufbauen
Dialogisch vorlesen und zuhören
Die globale Kohärenz des Gehörten verbalisieren

Fo 75, 76
HR

Datum: ______________

1 Suche dir ein Partnerkind für die Aufgaben 2–3.

____
Unterschrift Partnerkind

2 Lest die Spielanleitung.
Erklärt euch gegenseitig die Spielregeln.

Ihr braucht:
- 2 Spielsteine

Anleitung:
- Kind 1 wählt:
  1) eine Karte mit einem Verb aus dem Wortfeld **sprechen**, zum Beispiel *flüstern*.
  2) eine Karte mit einem Satz.

  Kind 1 liest den Satz nun zum Beispiel *flüsternd* vor.
- Kind 2 hört genau zu.
- Es setzt einen Spielstein auf das passende Verb aus dem Wortfeld **sprechen**.
  Den zweiten Spielstein setzt es auf den Satz.
- Kind 1 sagt, ob die Lösung richtig oder falsch ist.
- Dann wird gewechselt.

nuscheln	flüstern	kichern	krächzen
schimpfen	brummen	jammern	piepsen

Ein Huhn mit Wurm im Schnabel gackert nicht viel.	Ein alter Elefant findet immer zum Wasser.	Mit nur einem Löffel Wasser wäschst du keinen Elefanten.
Der frühe Vogel fängt den Wurm.	Wer zwei Hasen jagt, fängt keinen von beiden.	Ein Stinktier riecht sich selbst nicht.
Einem schlafenden Hund tritt nicht auf den Schwanz!	Mit einer Nadel kannst du keinen Brunnen graben.	Zwei Füße passen nicht in einen Schuh.

3 Was fällt euch bei diesem Spiel leichter: Sprechen oder Zuhören? Begründet.

Eine Anleitung sinnverstehend lesen und wiedergeben
Unterschiedliche Sprechweisen auswählen und anwenden
Eigene Rollen in einem Spiel reflektieren

KV 157
Fö 191

Datum: ______________

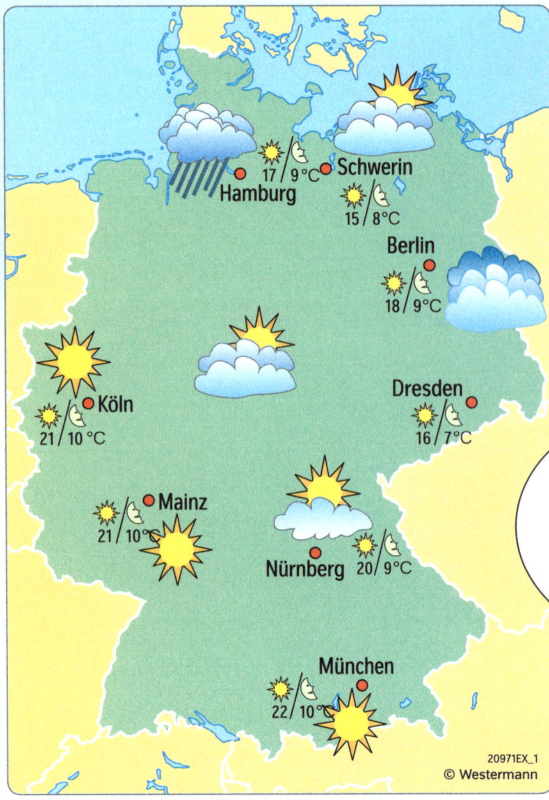

1 Sprich mit einem Partnerkind. Beantwortet Floras Frage.

____
Unterschrift Partnerkind

2 Lies die Wetterkarte und die Legende. Beantworte die Fragen. Schreibe.

a) Was bedeutet dieses Bild  ? ______________________

b) In welcher Stadt wird es nachts am kältesten? ______________________

c) Was bedeutet 

? ______________________

3 Lies den ganzen Wetterbericht. Für welche Stadt gilt er? Kreuze an.

Es ist sonnig und am Himmel gibt es keine Wolken.
Nachts fällt die Temperatur auf 10 Grad Celsius.
Tagsüber steigt die Temperatur auf 22 Grad Celsius.

- ☐ München
- ☐ Köln
- ☐ Mainz

Grafiken und Tabellen stellen Informationen übersichtlich dar.
Die Bilder und Zeichen darin haben eine Bedeutung.
Sie werden in einer **Legende** erklärt.

Eine Wetterkarte lesen und darüber sprechen
Die Legende einer Wetterkarte und ihre Symbole verstehen
Informationen fragengestützt aus einer Wetterkarte entnehmen

HR

Datum: ____________

4 Lies die Tabelle.

Wetterbeobachtung der Klasse 3c Messung: täglich 10.00 Uhr

	Montag	Dienstag	Mittwoch	Donnerstag	Freitag	Samstag	Sonntag
Wolken							
Wind							
Regen		–	–	–	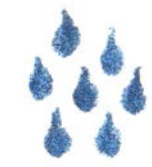		
Temperatur um 10 Uhr	11 °C	15 °C	14 °C	13 °C	9 °C		

Legende

 sonnig

 teils sonnig, teils wolkig

 bedeckt

 windstill

 leichter Wind

 starker Wind

— kein Niederschlag

 leichter Regen

 starker Regen

5 Lies die Sätze. Kreuze an.

	stimmt	stimmt nicht
a) Freitag war der kälteste Tag.	☐	☐
b) An zwei Tagen gab es Regen.	☐	☐
c) Es gab in dieser Woche keinen starken Wind.	☐	☐
d) Die Temperatur wurde immer um 8 Uhr gemessen.	☐	☐
e) Am Mittwoch war es bedeckt und windstill.	☐	☐

6 Lies, was Aylin sagt. Übertrage die Informationen aus der Sprechblase in die Tabelle von Aufgabe 4.

Am Samstag war es wolkenlos und windstill.
Es gab keinen Niederschlag und die Temperatur betrug 12 °C.
Am Sonntag gab es leichten Wind und der Himmel
war bedeckt. Bei 10 °C gab es leichten Regen.

Datum: ______________

Ein Radioprogramm lesen

1 Lies das Programm.

Radioprogramm für Kinder am Donnerstag

14.00 Uhr	**Gewünscht und gespielt!** Hits eurer Wahl Wunschtelefon: 0011 34648
15.00 Uhr	**Hörspiel am Donnerstag** Eineinhalb Wunder und ein Spatz
16.00 Uhr	**DARUM** – Wissen für Kinder Über das Riechen
16.30 Uhr	**Gewünscht und gespielt!** Hits eurer Wahl Wunschtelefon: 0011 34648
17.30 Uhr	**Hör genau!** Reportagen und Berichte Im Hamburger Hafen
18.00 Uhr	**Kapiert!** Nachrichten für Kinder
18.15 Uhr	**Top oder Flop?** Die Hitparade des Monats
19.00 Uhr	**DARUM** – Wissen für Kinder Über das Riechen
19.30 Uhr	**Schlafmütze** Unsere Gutenachtgeschichte

2 Beantworte die Fragen. Schreibe.

a) Für welchen Tag gilt dieses Programm? ______________

b) Welche Sendungen gibt es mehrmals am Tag?

______________ ______________

c) Um wie viel Uhr kommen die Nachrichten für Kinder?
Wie heißt die Sendung?

um ______ Uhr: ______________

3 Welche Sendung würdest du einschalten?
Markiere im Programm und begründe.

____

4 Welche Kinderprogramme findest du im Radio? Recherchiere.

Ein Radioprogramm lesen und ihm Informationen entnehmen
Durch eine Hörerwartung geleitet eine Sendung auswählen und die Wahl begründen

Fö 193

Ein Diagramm lesen

Datum: ____________

1 Lies das Säulendiagramm.

Lieblingssendungen im Radio

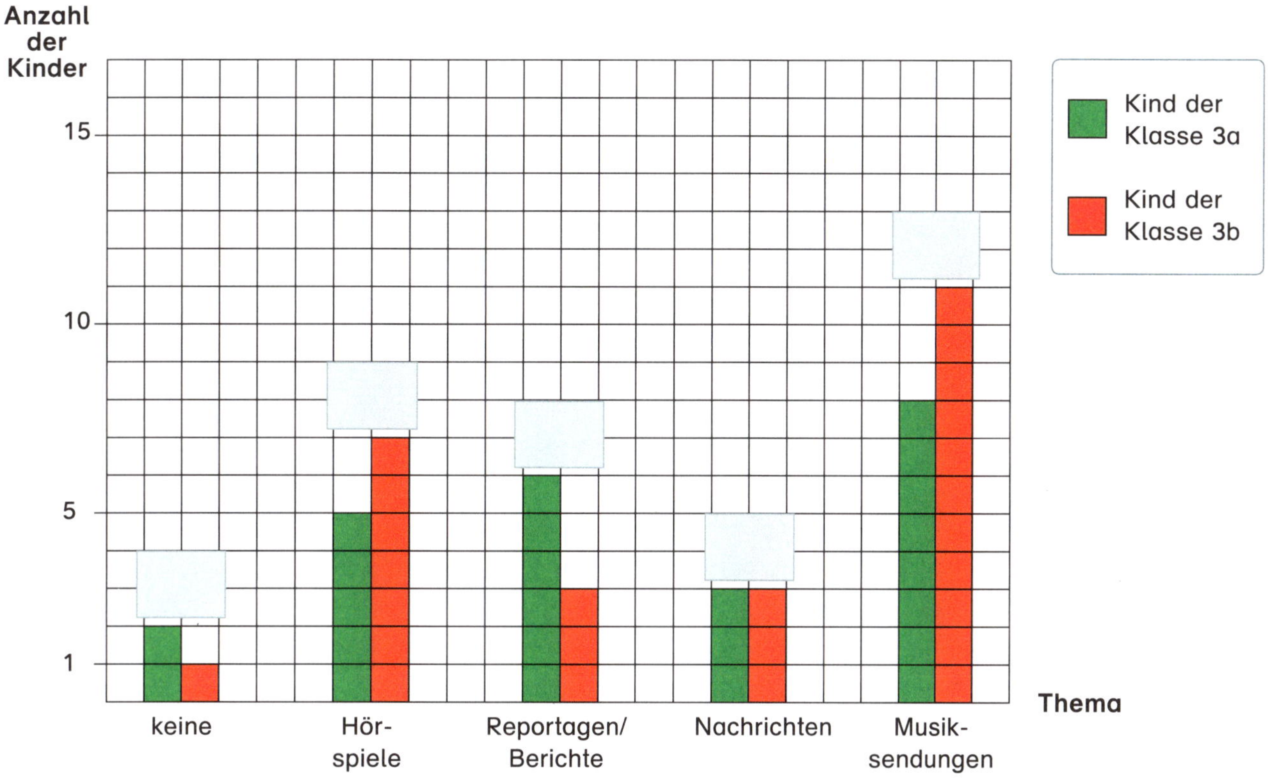

2 Zähle für jede Sendungsart die Stimmen beider Klassen zusammen. Schreibe die Anzahl in das Feld über den Säulen.

3 Beantworte die Fragen. Schreibe.

a) Welche Sendungen sind am beliebtesten? ____________

b) Was hören die Kinder der 3a am wenigsten? ____________

c) In welcher Klasse hören mehr Kinder Hörspiele? ____________

d) Welche Sendungen sind bei den Kindern der 3b gleich beliebt?

____________ ____________

4 Was hörst du gern? Schreibe ins Heft.

5 Wähle eine Radiosendung aus. Höre sie an. Berichte anschließend in der Klasse darüber.

Eine Schatzkarte lesen

Datum: ____________

1 Lies die Legende für die Schatzkarte. Verbinde die Bilder und Sätze.

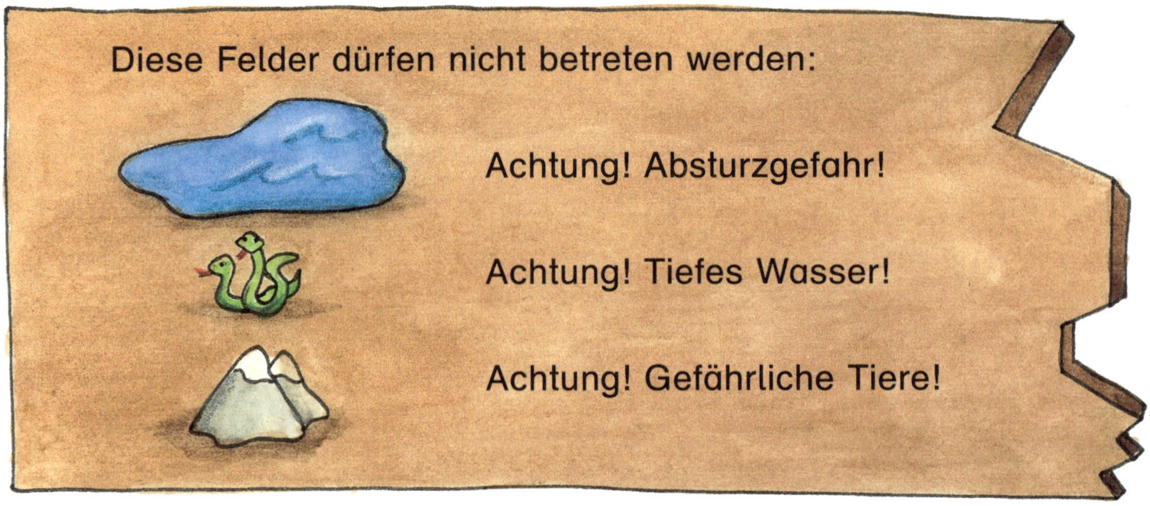

2 Lies die Wegbeschreibungen. Zeichne sie mit dem Finger auf der Karte auf Seite 29 nach und überprüfe sie.

Starte bei dem Stern.	Starte bei dem Stern.	Starte bei dem Stern.
Gehe dann:	Gehe dann:	Gehe dann:
7 Felder ↑	8 Felder ↑	8 Felder ↑
3 Felder ←	3 Felder ←	2 Felder →
8 Felder ↑	4 Felder ↑	7 Felder ↑
2 Felder ←	3 Felder →	5 Felder ←
2 Felder ↓	3 Felder ↑	2 Felder ↓
☐	3 Felder → ☐	☐

3 Kreuze in Aufgabe 2 die richtige Wegbeschreibung an. Zeichne diesen Weg und den Schatz in die Karte ein.

4 Zeichne einen eigenen Schatz in die Karte ein. Schreibe eine Wegbeschreibung zu deinem Schatz in das Feld auf der Karte.

5 Lies deine Beschreibung einem Partnerkind vor. Dein Partnerkind hört dir genau zu und folgt deiner Beschreibung mit dem Finger auf der Schatzkarte.

____
Unterschrift Partnerkind

Die Legende einer Schatzkarte verstehen
Eine Wegbeschreibung lesen und ihr auf einer Karte folgen
Eine Wegbeschreibung anfertigen und anderen vorstellen

Datum: ____________

Der Weg zu meinem Schatz

Starte bei dem Stern.
Gehe dann:

____

____

____

____

____

____

____

Vortragen, erzählen und spielen

Datum: ____________

1 Sprich mit einem Partnerkind.

a) Was hast du schon einmal vorgetragen oder aufgeführt?

b) Wie hast du dich darauf vorbereitet?

____
Unterschrift Partnerkind

Wenn du anderen etwas vorträgst oder erzählst, helfen dir diese **Tipps**:
- Lies oder erzähle den Text mehrmals.
- Sprich laut und deutlich.
- Verändere deine Stimme so, dass sie zu den Sätzen passt.
- Stelle dich so hin, dass alle dich gut sehen und hören können.

2 Übe das Gedicht für einen Vortrag.
Sprich so, dass man hört, wie sich die Figur fühlt.

Vom Alleinsein
von Jutta Richter

Sie sind zu zweit
sie sind zu dritt
ich bin allein
ich spiel nicht mit

Ich spiel nicht mit
ich bin allein
es ist gemein
allein zu sein.

3 Trage das Gedicht einem Partnerkind vor.

a) Was hat ihm besonders gefallen?

b) Was könntest du noch verbessern?

____
Unterschrift Partnerkind

Über rollenadäquate Sprechweisen nachdenken
Ein Gedicht ausdrucksstark und unter Beachtung von Tipps vortragen
Eine Rückmeldung zu einem Vortrag einholen und annehmen

Fö 196
HR

Ein Gedicht präsentieren

Datum: ____________

1 Suche dir ein Partnerkind
für die Aufgaben 2–5.

Unterschrift Partnerkind

2 Lies das Gedicht zuerst allein.
Lest es danach gemeinsam.

Große Pause
von Siggi Gsell

Pausenzeichen
Buch zuklappen
Tür auf raus
und Jacke schnappen

Schlange stehen
Brezel kaufen
essen trinken
schreien laufen

Gummi twisten
spielen springen
schubsen ärgern
Streit beginnen

weinen lachen
Streit vergessen
Sachen tauschen
Kräfte messen

Pausenzeichen
rennen flitzen
rein ins Zimmer
stille sitzen

3 Überlegt euch zu jedem Vers ein Geräusch
oder eine Bewegung.
Unterstreicht im Gedicht die Verse
rot, zu denen ihr ein Geräusch machen könnt,
blau, zu denen ihr eine Bewegung machen könnt.

4 Übt das Gedicht für einen Vortrag.
Ein Kind liest die Strophe vor, das andere
macht Geräusche oder Bewegungen.

5 Tragt das Gedicht mit Geräuschen
und Bewegungen zwei anderen Kindern vor.
Fragt sie, was ihnen besonders
an eurem Vortrag gefallen hat.

Unterschriften Kinder

Datum: ____________

1 Suche dir zwei Kinder für eine Gruppe für die Aufgaben 2–8.

____
Unterschriften Gruppenkinder

2 Lies die Geschichte zuerst allein.

Zwei für mich, einer für dich
von Jörg Mühle

Auf dem Heimweg fand der Bär drei Pilze. Zuhause freute sich das Wiesel sehr. Es putzte die Pilze, briet sie scharf an, würzte kräftig mit Salz und Pfeffer und ließ sie mit etwas Petersilie in der schweren Pfanne schmoren.

„Ein Pilz für dich und ein Pilz für mich“, sagte der Bär. „Und noch ein Pilz für mich. So ist es gerecht. Ich bin groß, deshalb muss ich viel essen.“

Das Wiesel war nicht einverstanden. „Ein Pilz für mich, ein Pilz für dich und noch einer für mich. Das ist gerecht! Ich bin klein und muss noch wachsen!“

„Einer für dich, zwei für mich. Das ist gerecht, weil ich die Pilze gefunden habe.“

„Das ist gar nicht gerecht! Du hast sie mir mitgebracht! Und ich hatte die ganze Arbeit. Ich habe die Pilze geputzt und scharf angebraten und kräftig gewürzt und in der Pfanne geschmort! Mit Petersilie!“

„Aber nach meinem Rezept! Und ich habe den Tisch gedeckt! Außerdem esse ich Pilze viel lieber als du!“

„Pilze sind meine absolute Leib- und Magenspeise! Und ich habe so großen Hunger. Hör doch, wie laut mein Magen knurrt!“

„Moment! Ich bin viel größer als du! Deshalb ist mein Hunger auch viel größer als deiner!“

„Ein Pilz weniger würde dir bestimmt nicht schaden!“

Datum: ____________

„So viele Pilze sind gar nicht gesund für kleine Wiesel!“
„Für dicke Bären auch nicht.“
„Jetzt reicht's! Zwei für mich, einer für dich und damit Schluss!“
„Dann bist du aber nicht mehr mein Freund.“ *(gekürzt, verändert)*

3 Sprecht in der Gruppe über diese Fragen:

a) Warum streiten der Bär und das Wiesel?

b) Wie könnten der Bär und das Wiesel ihren Streit lösen?

c) Wie könnte die Geschichte enden?

4 Verteilt die Rollen untereinander.

Erzählkind: ____________

Bär: ____________

Wiesel: ____________

5 Übe deinen Text allein, bis du ihn gut lesen kannst.

a) Welche Wörter willst du besonders betonen? Unterstreiche sie im Text.

b) Wie fühlt sich deine Figur? Kreuze an.

☐ schüchtern ☐ normal ☐ wütend
☐ fröhlich ☐ ängstlich ☐ traurig

c) Sprich so, dass man hört, wie sich deine Figur fühlt.

6 Übt den Lesevortrag in der Gruppe.
Hört euch genau zu. Achtet auf euren Einsatz.

7 Lest die Geschichte einer anderen Gruppe vor.

____
Unterschriften Gruppenkinder

8 Sprecht über euren Lesevortrag.

a) An welchen Stellen wurde besonders deutlich, wie die Figuren sich fühlen?

b) Welche Stellen haben dir besonders gefallen?

Eine Geschichte weitererzählen

Datum: ____________

1 Suche dir ein Partnerkind für die Aufgaben 2–4 und 7–8.

____
Unterschrift Partnerkind

2 Lest die Geschichte bis Zeile 24.

Freddys stille Nacht

(A) Das war ein langer Tag! Freddy freut sich auf sein Bett. Endlich schlafen! Gähnend zieht er seinen Schlafanzug an, putzt sich die Zähne und schaut nochmal nach Emma, seinem Hamster. Dann legt er sich ins Bett, kuschelt sich an seinen Teddy und schließt die Augen. Doch plötzlich hört er ein Geräusch.

(B) **Sssssst. Ssssst. Ssssst.** Freddy schreckt hoch. „Was ist das denn?“ Eine fette Fliege surrt durch das Zimmer und landet auf Freddys Bettdecke. „Oh, das nervt voll! Wie soll man da einschlafen können?“, schimpft er. Er vergräbt sich unter seiner Decke. Augen zu! Ohren aus! Schlaf ein! Doch zwei Minuten später schreckt Freddy von Neuem hoch.

(C) **Drrrrr. Drrrrr. Drrrr.** Das gibt's doch nicht. „Was ist das denn?“ Emma flitzt im Laufrad herum, als wolle sie alle Rekorde brechen. „Oh, das nervt voll! Wie soll man da einschlafen können?“, schimpft Freddy. Er zieht sich die Bettdecke noch fester über den Kopf. Augen zu! Ohren aus! Schlaf ein! Doch zwei Minuten später schreckt er von Neuem hoch.

3 Vergleicht Absatz **B** und Absatz **C**. Welche Sätze bleiben gleich? Markiert.

4 Lest, wie die Geschichte weitergeht.

D ____________ Das gibt's doch nicht. „Was ist das denn?“

____

____

„Oh, das nervt voll! Wie soll man da einschlafen können?“, schimpft er. Er zieht sich die Bettdecke noch fester über den Kopf. Augen zu! Ohren aus! Schlaf ein! Doch zwei Minuten später schreckt Freddy von Neuem hoch.

E „Ich fass es nicht!“, stöhnt Freddy. „So kann das nicht weitergehen!“ Da hat er die Superidee. Er holt die dicken Kopfhörer von Papa, setzt sie auf und legt sich ins Bett. Absolute Stille. Herrlich. Sekunden später hört man nur noch leises Atmen. Freddy schläft.

5 Welche Geräusche könnten Freddy noch beim Einschlafen stören?
Kreuze an oder schreibe.

- ☐ ein bellender Hund
- ☐ eine surrende Mücke
- ☐ eine Sirene
- ☐ ein unheimliches Geräusch
- ☐ ____________

6 Entscheide dich für ein Geräusch. Ergänze die Lücken im Absatz **D**.
Übe, Absatz **D** vorzutragen.

7 Verteilt das Vorlesen der Geschichte.

Absatz **A**: ____________ (Kind 1)

Absatz **B**: ____________ (Kind 2)

Absatz **C**: ____________ (Kind 1)

Absatz **D**: ____________ (Kind 2)

____________ (Kind 1)

Absatz **E**: ____________ (Kind 2)

8 Übt gemeinsam euren Vortrag.
Tragt eure Geschichte vor.

Lesestrategien anwenden

Datum: ______________

1 Sprich mit einem Partnerkind.
Welche Lesestrategien könnte Flex nutzen?

____
Unterschrift Partnerkind

2 Lies die Überschrift.
Schau dir das Foto an.
Was weißt du über das Thema? Schreibe.

____

____

____

____

Vermüllung der Meere

Lesestrategien helfen dir, einen Text besser zu verstehen.
Dabei gehst du Schritt für Schritt vor.

Vor dem Lesen
Du liest die Überschrift und schaust dir die Bilder an.
Du überlegst: Worum könnte es in dem Text gehen?
Du denkst nach, was du schon über das Thema weißt
und was du von dem Text erwartest.

Vorwissen zu Lesestrategien aktivieren und kommunizieren
Die Lesestrategie *Vorwissen aktivieren* anwenden
Vorwissen formulieren und aufschreiben

3 Lies den Text.

Vermüllung der Meere

____

Eigentlich fressen Meeresschildkröten Algen und Fische. Aber sogar in der Tiefsee, im Eis der Antarktis und auf einsamen Inseln wurde schon Plastikmüll gefunden. Viele Tiere fressen das Plastik, können es aber nicht verdauen. Die Tiere müssen dann verhungern.

____

Stell dir vor, dass ein Müllwagen ein Jahr lang jede Minute seinen Inhalt ins Meer kippt. So viel Müll gelangt in einem Jahr in die Meere. Forscher haben berechnet, dass es im Jahr 2030 zwei Müllwagenladungen pro Minute sein werden und 2050 schon vier Ladungen.

____

Jeder kann etwas gegen den Plastikmüll im Meer tun. Wirf den Abfall zum Beispiel immer in einen Müllbehälter und nicht in die Umwelt!

4 Schreibe die Zwischenüberschriften über die passenden Absätze.

So viel Müll | Plastikmüll im Meer | Was kann ich tun?

Beim Lesen
Du liest den Text genau Absatz für Absatz.
Du klärst schwierige Wörter und Textstellen, markierst, nutzt Zwischenüberschriften, beantwortest Fragen zum Text, ...

5 Sprich mit einem Partnerkind.
Was könnt ihr tun, um Müll zu vermeiden?

____
Unterschrift Partnerkind

Nach dem Lesen
Du denkst darüber nach, was du gelesen hast:
Hast du etwas Neues erfahren? Gefällt dir der Text? ...
Du kannst auch mit einem Partnerkind darüber sprechen.

 Datum: ______________

1 Lies die Überschrift und schau dir die Bilder an. Warum könnte Lachen gesund sein? Schreibe.

____

____

2 Lies den Text.

Lachen ist gesund – LOL!
Dein Spiegel 10/2019

Lachen ist gesund. Das haben Lachforscher herausgefunden. Ja, es gibt Wissenschaftler, die sich ganz ernsthaft mit Lachen auseinandersetzen. Sie heißen Gelotologen. Von ihnen wissen wir:
Lachen ist super fürs Herz und den gesamten Kreislauf.
Wer sich häufig schlapplacht, ist fitter, wird seltener krank und lebt länger.

Und weil's so gesund ist, hier direkt ein Witz:
Gehen zwei Zahnstocher durch den Wald, kommt ein Igel vorbei.
Sagt der eine Zahnstocher zum anderen: „Schau, da fährt der Bus!"

Warum das komisch ist? Weil es eine Pointe hat. So nennt man ein Ende, das überrascht, den „Hä?"-Effekt. Sind wir verdutzt, ist der Witz gelungen. Wir müssen lachen, wenn unser Gehirn kurz „stolpert". Und das tut es oft, wenn Dinge nicht zusammenpassen.

Lustiges zu erkennen, lernen wir Stück für Stück in den ersten Lebensjahren. Eva Ullmann, die Chefin des Deutschen Instituts für Humor, sagt: „Schon Kleinkinder haben Humor. Sie haben riesigen Spaß daran, etwas Unerwartetes zu tun – etwa plötzlich wegzurennen –, und sie freuen sich über das verrückte Ende einer Geschichte. Ich glaube, dass ein Mensch nie wieder so viel lacht wie mit drei Jahren."
Und Ullmann findet auch:
„Humor ist eine große Stärke, ein Zeichen für Kreativität." *(gekürzt, verändert)*

Eine Vermutung zum Textinhalt anstellen, formulieren und aufschreiben
Einen Zeitschriftentext lesen

3 Markiere im Text das Wort **Gelotologen**.
Markiere dann die Textstelle, in der das Wort erklärt wird.

4 Was ist eine **Pointe**?
In welcher Zeile steht die Erklärung? Schreibe. Zeile: ______

5 Unterstreiche die Wörter im dritten Absatz.

(A) das Institut (B) der Humor (C) die Kreativität

6 Ordne die Wörter von Aufgabe 5 den Erklärungen zu.
Schreibe **A B C** in die Kreise.

◯ über etwas lachen können

◯ eine Forschungsstelle, die bestimmte Aufgaben hat

◯ Fantasie haben und erfinderisch sein

7 Was könnte die Abkürzung **LOL** bedeuten?
Kreuze die passende Erklärung an.

LOL ist die Abkürzung für Lolli. Isst man einen Lolli, hat man gute Laune. ☐

LOL ist die Abkürzung für das englische „laughing out loud“ und bedeutet übersetzt „laut auflachen“. ☐

LOL ist die Abkürzung für Leben ohne Lachen. Man sagt es, wenn man traurig ist. ☐

8 Was bringt dich zum Lachen? Schreibe.

____

____

9 Wie kannst du die Bedeutung schwieriger Wörter herausfinden?
Erkläre es einem Partnerkind.

____
Unterschrift Partnerkind

Zwischenüberschriften nutzen

Datum: ______________

1 Lies die Überschrift und schau dir das Foto an.
Welches Tier ist gemeint? Was weißt du darüber? Schreibe.

____

____

2 Lies den Text.

Fleißige Brummer

A ______________________________

Hummeln sind mit den Bienen verwandt. Sie sind aber deutlich größer, dicker und behaarter als Bienen. In jedem Hummelvolk gibt es eine besonders große Hummel – die Königin. Sie legt die Eier, aus denen zunächst die Arbeiterinnen schlüpfen. Später entwickeln sich aus weiteren Eiern Jungköniginnen und männliche Hummeln – die Drohnen. Die Drohnen befruchten die Jungköniginnen.

B ______________________________

Die Königin, die Arbeiterinnen und die Drohnen sterben am Ende des Sommers. Nur die befruchteten Jungköniginnen halten Winterruhe. Im nächsten Frühling kriechen sie aus ihrem Winterquartier und gründen ein neues Hummelvolk.

C ______________________________

Hummeln ernähren sich von den Pollen und dem Nektar verschiedener Blütenpflanzen. Hummeln sind sehr wichtig, denn sie bestäuben viele Pflanzen. Mit ihrem langen Mundwerkzeug gelangen sie tief in die Blüten. Außerdem ermöglicht ihr Körperbau es, dass sie auch bei schlechtem Wetter und niedrigeren Temperaturen fliegen und Nahrung suchen können.

D ______________________________

Hummeln finden leider nicht mehr genug blühende Flächen und Nistplätze. Sie sind bedroht und stehen unter Naturschutz. Das heißt, sie dürfen weder gefangen noch getötet werden. Zum Hummelschutz kann jeder einen Beitrag leisten. Man kann zum Beispiel Gärten und Balkone blütenreich bepflanzen oder Nistkästen aufstellen.

3 Welches Bild passt zu welchem Absatz?
Schreibe **A B C D** in die Kreise.

4 Lies die Fragen. Schreibe.
In welchem Absatz im Text auf Seite 40 erfährst du etwas über ...

a) den besonderen Körperbau von Hummeln? ______

b) das Hummelvolk und seine Mitglieder? ______

c) den Schutz von Hummeln? ______

d) die Gründung eines neuen Hummelvolkes? ______

5 Lies die Zwischenüberschriften. Ordne sie den Absätzen **A**, **B** und **D** im Text auf Seite 40 zu. Schreibe sie über den passenden Absatz. Zwei Überschriften bleiben übrig.

Hummeln in der Steinzeit | Gründung eines neuen Hummelvolkes

Das Hummelvolk | Hummelschutz | Der Hummelkönig

6 Finde eine Zwischenüberschrift für Absatz **C**.
Schreibe sie über den Absatz.

7 Was hast du Interessantes oder Neues über Hummeln erfahren?
Erzähle es einem Partnerkind mithilfe der Bilder und der Zwischenüberschriften.

____
Unterschrift Partnerkind

W-Fragen an eine Geschichte stellen

Datum: ______________

1 Lies die Überschrift und schau dir das Buchcover an. Was fällt dir zum Thema **Klassenfahrt** ein? Schreibe.

____

____

2 Lies die Geschichte.

Wir planen unsere Klassenfahrt
von Rüdiger Bertram

„Wenn der Kuchen spricht, haben die Krümel Pause“, hat unsere Lehrerin gerufen. Das sagt sie immer, wenn wir still sein sollen. Der Kuchen, das ist Frau Nett, also unsere Lehrerin. Eigentlich heißt sie ja Frau Grimm. Aber wir nennen sie alle nur Frau Nett. Das passt viel besser zu ihr. Die Krümel, das sind wir, also die Kinder der Hamster-Klasse. Ich bin Mo, das ist die Abkürzung für Moritz.

Wir saßen im Stuhlkreis und haben darüber geredet, wo unsere Klassenfahrt hingehen soll.

„Ist doch logisch! Wir fahren in einen Freizeitpark mit ultracoolen Achterbahnen“, hat Anton gerufen.

„So ein Blödsinn! Wir fahren in ein Fußballcamp“, hat Esra gerufen.

„Quatsch mit scharfer Soße! Wir fahren in eine Bücherei“, hat Kim gerufen.

„Hauptsache, es gibt genug zu essen“, hat Erik gerufen.

„Klar doch, wir fahren nämlich in ein … ein … ein …“

Leider ist mir in dem Augenblick gar nichts eingefallen, wo wir mit unserer Hamster-Klasse hinfahren könnten. Aber das ist niemandem aufgefallen. Alle haben laut durcheinander gebrüllt.

„Fliegen wir mit dem Flugzeug?“, hat Esra gefragt.

„Fahren wir mit dem Schiff?“, hat Erik gefragt.

„Nehmen wir den Zug?“, hat Kim gefragt.

„Oder eine Rakete?“, hat Anton gefragt.

„Wenn wir mit einer Rakete fliegen, bin ich dabei!“

„Nein, wir fahren mit dem Bus“, hat Frau Nett geantwortet.

Eine Vermutung anstellen, formulieren und Vorwissen aufschreiben
Einen Text aus einem Kinderbuch lesen

Mehr wollte sie nicht verraten. Wohin wir reisen, sollte eine Überraschung sein.

Am Ende der Stunde hat Frau Nett uns allen noch einen Zettel gegeben. Den sollten wir bei unseren Eltern abgeben. Da stand drauf, was wir auf Klassenfahrt mitnehmen müssen. „Handys, MP3-Player und Spielekonsolen sind natürlich verboten“, hat Frau Nett uns hinterhergerufen, als wir aus der Klasse gestürmt sind. Ich fand das komisch. Von uns Hamstern hat ja noch niemand ein Handy. Aber wahrscheinlich wusste Frau Nett das einfach nicht. *(gekürzt, verändert)*

3 Lies den Text noch einmal Absatz für Absatz. Unterstreiche die Antworten auf die W-Fragen **Wer?**, **Wo?**, **Wann?** farbig im Text.

Wer?	Welche Personen, Figuren oder Tiere kommen vor?
Wo?	Wo spielt die Geschichte?
Wann?	Wann passiert das, was erzählt wird?

4

Was?	Was passiert in dem einzelnen Absatz?

Ordne die Zwischenüberschriften den einzelnen Absätzen zu. Verbinde die Zeilenangaben mit den Zwischenüberschriften.

Zeile 1 – 24 | Zeile 25 – 26 | Zeile 27 – 33

Ziel der Klassenfahrt | Die Hamster-Klasse plant ihre Klassenfahrt | Aufgaben und Regeln für die Klassenfahrt

5

Warum? Wie?	Warum handeln die Figuren so? Wie fühlen sie sich?

Sprich mit einem Partnerkind. Warum fällt Moritz nichts ein, wohin sie fahren könnten?

____
Unterschrift Partnerkind

Sachtexte lesen

Datum: ______________

1 Sprich mit einem Partnerkind.
Was könnte Flex antworten?
Welche Sachtexte liest du gern?

Unterschrift Partnerkind

2 Wo findest du Sachtexte? Kreuze an und schreibe.

- ☐ in Märchenbüchern
- ☐ in Lexika
- ☐ im Internet auf Seiten mit Kindersuchmaschinen, zum Beispiel *www.fragfinn.de*
- ☐ in Zeitschriften
- ☐ in Kindersachbüchern
- ☐ in Detektivgeschichten
- ☐ in einem Buch mit Gedichten
- ☐ in Werbeprospekten
- ☐ ______________________

In **Sachtexten** findest du Informationen und Erklärungen zu bestimmten Themen.
Sachtexte gibt es in Sachbüchern, Zeitschriften, in Lexika, im Internet, …
Lesestrategien helfen dir, einen Sachtext besser zu verstehen.

Erfahrungen mit Sachtexten reflektieren
Vorlieben erläutern
Fundstellen für Sachtexte benennen

HR

3 Lies die Überschrift und schau dir das Foto an.
Was weißt du schon über das Thema? Schreibe.

____

4 Lies den Text.

Stuntman und Stuntwoman – ein gefährlicher Beruf

____

Die Wörter Stuntman und Stuntwoman stammen aus dem Englischen. **Stunt** bedeutet gefährliches Kunststück. Führt es ein Mann aus, spricht man vom Stuntman (man = Mann). Übernimmt eine Frau den Stunt, nennt man sie Stuntwoman (woman = Frau).

____

In vielen Filmen gibt es gefährliche Szenen. Wenn Schauspielerinnen oder Schauspieler eine gefährliche Szene nicht spielen können oder wollen, übernehmen Stuntleute diese Aufgabe. Sie springen von Häusern oder rasen mit dem Motorrad über hohe Rampen und fliegen dann durch die Luft. Natürlich gibt es dabei Schutzmaßnahmen.

____

Um in diesem Beruf zu arbeiten, sind viel Erfahrung und regelmäßiges Training wichtig. Bevor das einzelne Kunststück gefilmt werden kann, muss es sehr oft geübt und geprobt werden.

5 Was bedeutet das Wort **Stuntman**? Markiere im Text.

6 Schreibe die Zwischenüberschriften über die passenden Absätze.

Aufgaben von Stuntleuten | Woher kommt der Name?

7 Schreibe über den letzten Absatz eine passende Zwischenüberschrift.

8 Sprich mit einem Partnerkind.
Welche gefährlichen Berufe kennst du noch?

____
Unterschrift Partnerkind

Einen Sachtext untersuchen

Datum: ______________

1. Schau dir die Bilder und die Überschrift an. Was weißt du über das Thema **Papier**? Überlege.

2. Lies den Text Absatz für Absatz.

Papier

von Ingrid Peia

Papier wächst nicht auf Bäumen, aber man braucht sie dafür! Erfunden wurde es vor etwa 2000 Jahren in China. Die Chinesen zerstampften Baumrinde, Hanf[1] oder Stoffreste und gaben Wasser hinzu. Aus dem Brei schöpften sie mit einem Sieb eine dünne Schicht, die sie an der Sonne trockneten: Fertig war das Papier.

Heute wird Papier fast immer aus Holz hergestellt. Manchmal kann man die einzelnen Holzfasern[2] sogar sehen. Wenn du das Papier vorsichtig biegst, passiert noch nichts. Doch wenn du das Papier zerknüllst, brechen die kleinen Holzfasern durch. Sie sind dann kaputt. Jetzt hilft auch kein Bügeln oder Pressen mehr!

Papier ist einfach klasse: Es lässt sich bemalen, bekleben, zerschneiden, falten … Inzwischen gibt es Papier für alle möglichen Zwecke: Schreibpapier, Toilettenpapier, Karton, Krepppapier. Doch weil wir so viel Papier brauchen, sind unsere Wälder bedroht. Denn wie du ja schon weißt, wird Papier aus Holz gemacht. Darum sammeln wir gebrauchtes Papier, um es erneut zu zerfasern und zu neuem Papier zu verarbeiten. Diesen Vorgang nennt man Recycling. Weil Papierfasern beim Recyceln immer dünner werden, kann man Papier jedoch nur sechs- bis siebenmal wiederverwerten.

[1] Hanf ist eine Pflanze.
[2] Holzfasern sind sehr kleine Teile im Holz. Sie sehen wie feine Härchen aus. Im Papier liegen sie kreuz und quer durcheinander.

3 Schreibe die Zwischenüberschriften
über die passenden Absätze im Text auf Seite 46.

Warum sammeln wir Altpapier? | Wie wird Papier hergestellt? | Was halten Holzfasern aus?

4 Suche die Wörter **Hanf** und **Holzfasern** im Text. Markiere sie.
Markiere dann die Erklärungen zu den Wörtern.

5 In welchen Zeilen findest du die Antworten auf diese Fragen? Schreibe.

a) In welchem Land wurde Papier erfunden? Zeile: ______

b) Was passiert, wenn du Papier zerknüllst? Zeile: ______

c) Warum sind unsere Wälder bedroht? Zeile: ______

6 Suche das Wort **Recycling** und markiere es.
Kreuze dann die richtige Erklärung an.

- [ ] Recycling von Papier bedeutet, aus Holz Papier herzustellen.
- [ ] Recycling von Papier bedeutet, gebrauchtes Papier zu sammeln und zu neuem Papier zu verarbeiten.

7 Lies die Sätze. Kreuze an.

	stimmt	stimmt nicht
a) Papier wächst auf Bäumen.	☐	☐
b) Papier wurde in China erfunden.	☐	☐
c) Papier wird heute oft aus Holz hergestellt.	☐	☐
d) Zerknülltes Papier kann man glatt bügeln.	☐	☐
e) Papier kann man gar nicht wiederverwerten.	☐	☐

8 Was hast du Neues
über das Thema **Papier** erfahren?
Erkläre es einem Partnerkind.

____
Unterschrift Partnerkind

Einen Sachtext kooperativ lesen

Datum: ______________

1 Suche dir zwei Kinder für eine Gruppe für die Aufgaben 2–6.

____
Unterschriften Gruppenkinder

2 Lest die Überschrift und schaut euch das Bild an. Was könntet ihr in dem Text erfahren? Schreibt.

____

____

3 Teilt den Text auf. Jedes Kind liest einen Absatz. Tragt eure Namen ein.

Expertenkind für das **Aussehen**:

____

Expertenkind für den **Lebensraum**:

____

Expertenkind für die **Ernährung**:

____

Die Elefantenspitzmaus

Die Elefantenspitzmaus

Wie sieht die Elefantenspitzmaus aus?

Der Körper der Elefantenspitzmaus ist etwa 10 Zentimeter lang. Die Länge des Schwanzes liegt zwischen 11 und 15 Zentimetern. Die Elefantenspitzmaus hat bräunliches, dichtes Fell. Ihre Augen sind groß, rund und glänzend. Ihre großen Ohren sind an den Spitzen abgerundet. Die langen Schnurrhaare nutzt die Elefantenspitzmaus zum Tasten. Auffällig ist besonders ihre lange Schnauze, die aussieht wie ein Rüssel. Die Elefantenspitzmaus kann gut springen, weil ihre Hinterbeine länger sind als ihre Vorderbeine. Daher wird sie auch Rüsselspringer genannt.

Wo lebt die Elefantenspitzmaus?

Die Elefantenspitzmaus lebt in Afrika. Trockene Landschaften wie zum Beispiel Halbwüsten, Savannen und Gebüschlandschaften sind ihr Lebensraum. Als Unterschlupf dienen ihr kleine Höhlen, Hohlräume in Felsen oder Gebüsche. Selten nutzt sie den Bau anderer Tiere. Die Elefantenspitzmaus hat oft ein festes Revier. Dieses markiert sie mit Duftstoffen und verteidigt es gegen Eindringlinge. Innerhalb ihres Reviers legt sie Pfade an und kommt so schnell vorwärts.

Was frisst die Elefantenspitzmaus?

Die Elefantenspitzmaus ernährt sich hauptsächlich von Insekten wie Termiten und Ameisen, aber auch von Spinnen und Würmern. Diese spürt sie mit ihrer langen Rüsselschnauze am Boden, unter Steinen und Gebüschen auf. Die Nahrung nimmt die Elefantenspitzmaus mit ihrer langen, klebrigen Zunge auf. Sie frisst auch grüne Pflanzenteile, Samen und Früchte. Die Elefantenspitzmaus muss nicht trinken, sondern erhält Flüssigkeit hauptsächlich über die Nahrung.

4 Lasst jede Frage vom zuständigen Expertenkind beantworten.

a) Wofür nutzt die Elefantenspitzmaus Hohlräume in Felsen?

b) Womit spürt die Elefantenspitzmaus ihre Nahrung auf?

c) Wie groß ist die Elefantenspitzmaus?

5 Informiert euch gegenseitig über den Inhalt eures Absatzes.

6 Wählt eine Aufgabe und bearbeitet sie.

a) Sucht weitere Informationen über die Elefantenspitzmaus.
Stellt sie euch gegenseitig vor.

b) Wählt ein anderes Tier aus. Recherchiert und informiert die Klasse.

Datum: ______________

1 Sprich mit einem Partnerkind.
Woran denken Flex und Flora,
wenn sie das Wort **Erlebnis** lesen?
Woran denkst du?

____
Unterschrift Partnerkind

2 Lies das Gedicht.

Erlebnis
von Josef Guggenmos

Luftballon
sitzt im Gras.
Kommt die Maus.
Was ist das?

Was ist gar
so hübsch und nett,
kugelrund,
dick und fett?

Schmeckt er süß,
der schöne Ball?
Mal dran knabbern!
Knall!!!

Fetzen fliegen!!!
Explosion!!!
Was macht Maus?
Rennt davon.

Rennt davon
wie vor dem Feuer.
Läuft nach Haus
und erzählt ihr Abenteuer.

Die Lesestrategie *Vorwissen aktivieren* anwenden
Ein Gedicht lesen
Sätze den passenden Gedichtstrophen zuordnen

3 Bringe die Sätze in die richtige Reihenfolge. Schreibe **A B C D E**.

◯ Neugierig knabbert die Maus den Luftballon an.

◯ Die Maus überlegt, was das dicke, runde Ding sein könnte.

◯ Die Maus entdeckt im Gras etwas Unbekanntes.

◯ Zuhause erzählt die Maus von ihrem Erlebnis.

◯ Der Luftballon platzt und die Maus läuft davon.

4 In welchen Versen steht, wie der Luftballon zerplatzt? Markiere.

5 Suche dir ein Partnerkind.

a) Wann habt ihr euch schon einmal erschrocken? Erzählt euch gegenseitig davon.

b) Übt das Gedicht **Erlebnis** für einen Vortrag.

c) Ihr könnt auch Stabfiguren basteln und beim Vortragen verwenden.

____
Unterschrift Partnerkind

Zu **literarischen Texten** gehören Gedichte und Geschichten.
Lesestrategien helfen dir, einen Text besser zu verstehen.

6 Setze die fehlenden Fachbegriffe ein.
Ein Fachbegriff passt nicht.

Strophen	Reim	Verse	Buch	Autor

a) Josef Guggenmos ist der ______________.
Er hat das Gedicht geschrieben.

b) Das Gedicht hat fünf ______________
und zwanzig ______________.

c) **Feuer** und **Abenteuer** bilden einen ______________.

Datum: ______________

1 Lies die Überschrift und schau dir die Bilder an. Was könnte in der Geschichte passieren? Überlege.

2 Lies die Geschichte.

Wanda Walfisch
von Davide Calì

Jeden Mittwoch ist Schwimmunterricht. Wanda kommt aus der Kabine und schlängelt sich an der eiskalten Dusche vorbei, damit sie bloß nicht nass wird. Dann geht sie zur Bahn 7. Wanda stellt sich ganz hinten an. Sie will immer als Letzte reinspringen, weil jedes Mal eine riesige Fontäne hochspritzt, wenn sie springt. Dann schreien alle immer: „Wanda-Walfisch-dick-und-rund, Wanda-Walfisch-hundert-Pfund.“

Wanda hasst Springen. Wanda hasst Schwimmen. Egal wie: Kraulen, Brust, Rücken, Schmetterling. Egal wie Wanda schwimmt, immer gibt es große Wellen. Wanda ist dick. Und alle Mädchen lachen sie aus und spotten: „Wanda-Walfisch-dick-und-rund, Wanda-Walfisch-hundert-Pfund.“

Nach dem Unterricht ruft der Schwimmlehrer Wanda zu sich. „Was ist los mit dir? Schwimmst du nicht gern? Du schwimmst doch gut.“

„Nein ... – bin zu dick.“

„Ach was! Nur weil du das denkst.“

„Was?“

„Wir sind das, was wir denken. Wenn du gut schwimmen willst, denkst du einfach an etwas Leichtes. Also, wenn du leicht sein willst, denk *Feder*. Versuch es mal!“

Das ist eine komische Idee, findet Wanda. Aber ich kann es ja mal versuchen! Unter der Dusche macht sie die Augen zu und denkt *Wasser. Wasser. Warmes Wasser. Heißes Wasser.* Seltsam, sie spürt die Kälte nicht mehr.

Als Wanda später im Bett liegt, denkt sie *Igel* – ein Igel in seinem Bau, der gleich seinen Winterschlaf anfängt. Und schon schläft sie tief und fest.

Die ganze Woche macht Wanda, was ihr der Schwimmlehrer geraten hat. Sie denkt *Känguru*. Sie denkt *Statue*. Sie denkt *Hase*. Und es klappt! Sie schafft es, im Sportunterricht ganz hoch zu springen! Sie schafft es, die Spritze bei der Impfung nicht zu spüren! Sie schafft es, die Karotten gern zu essen!

Es ist wieder Mittwoch. Wanda kommt aus der Kabine, sie denkt *Stein*, damit sie das kalte Wasser der Dusche nicht spürt. Dann geht sie zur Bahn 7. Sie wartet, bis sie mit Springen dran ist, denkt *Rakete* und taucht ein, ohne dass es spritzt. Wanda denkt *Feder*. Sie denkt *Sardine*, *Aal*, *Pfeilhecht*, *Hai*. Und dann *Paddelboot* (sie krault), *Surfbrett* (sie schwimmt auf dem Rücken), *Delfin* (sie schwimmt Schmetterling). „Bravo, Wanda!“, sagt der Schwimmlehrer. Alle Mädchen der Klasse sehen sie an. Diesmal ruft niemand: „Wan-da-ist-ein-Wal-fisch!“ *(gekürzt, verändert)*

3 Was erfährst du in der Geschichte? Kreuze an.

	stimmt	stimmt nicht
a) Wanda kann gut schwimmen.	☐	☐
b) Wanda geht gern in den Schwimmunterricht.	☐	☐
c) Die Kinder in der Klasse mögen Wanda, so wie sie ist.	☐	☐
d) Der Schwimmlehrer gibt Wanda einen wichtigen Rat.	☐	☐
e) Wanda verändert ihre Gedanken. Das hilft ihr.	☐	☐

4 Woran denkt Wanda in schwierigen Situationen? Schreibe ins Heft.

5 In welchen Situationen fühlst du dich nicht wohl? Woran denkst du, damit es dir besser geht? Schreibe ins Heft.

Eine Fantasiegeschichte lesen

Datum: ____________

1 Lies die Überschrift und schau dir die Bilder an. Überlege, was in der Geschichte passieren könnte. Erzähle es einem Partnerkind.

____
Unterschrift Partnerkind

2 Lies die Fantasiegeschichte.

Ungeheuerlich

von Klaus Baumgart

Wie an jedem Morgen sitzt Anna am Frühstückstisch und kaut schläfrig an ihrem Marmeladenbrot herum. Auf einmal fängt die Cornflakes-Packung an zu wackeln und fällt raschelnd um. Sie traut ihren Augen nicht, denn aus der Packung springt ein kleiner grüner Drache. Er blinzelt kurz, schüttelt sich und beginnt sofort den Tisch zu erforschen. Fröhlich stapft er durch die Butter. Und bevor Anna etwas sagen kann, nimmt er ihr Frühstücksei und balanciert es vorsichtig auf seiner Nase. Leider fehlt ihm die Übung ... so ein Mist! Doch er lässt sich nicht entmutigen und zeigt ihr noch ein ganz besonderes Kunststück. Er klettert mutig auf den Tassenrand und macht einen Handstand. ... doch auf einmal verliert er das Gleichgewicht und rutscht zappelnd ab. Platschend fällt er in den Kakao. Lange bleibt es still, und Anna schaut gebannt auf ihre Tasse. Plötzlich taucht der kleine Drache wieder auf und prustet der überraschten Anna ein Maul voll Kakao ins Gesicht.

„Jetzt reicht's aber!", schimpft Anna. „Was soll das? Wer bist du überhaupt?" „Kannst mich ja auch bespucken", erwidert der kleine Drache. „Versuch's doch", und schon hopst er von ihrer Hand und versteckt sich hinter der Kaffeekanne.

„Klar kann ich das auch“, denkt Anna und nimmt einen großen Schluck Kakao. Da geht die Tür auf und Annas Mutter kommt herein. Entsetzt prallt sie zurück, als sie das Durcheinander auf dem Tisch sieht. „Was ist denn das für eine Schweinerei?“, schimpft sie. Aufgeregt versucht Anna ihr zu erklären, dass der kleine Drache den ganzen Tisch voll gekleckert hat. Jetzt wird die Mutter erst richtig böse: „Anna, ich habe dir doch schon so oft erklärt, dass es Drachen gar nicht gibt.“ Doch bevor sie weitersprechen kann, klopft es an der Tür. Annas Mutter wird ganz blass ... Vor ihren Augen steht ein großer Drache. „Guten Morgen“, sagt er höflich. „Haben Sie vielleicht meinen Sohn gesehen?“

3 Was erfährst du in der Geschichte?
Lies die Sätze und kreuze an.

	stimmt	stimmt nicht
a) Der kleine Drache fällt in den Kakao und prustet Anna ein Maul voll Kakao ins Gesicht.	☐	☐
b) Als die Mutter in die Küche kommt, wirft sie die Cornflakes-Packung um.	☐	☐
c) Es klopft und vor der Tür steht ein großer Drache.	☐	☐
d) Annas Mutter wird ganz rot im Gesicht.	☐	☐

4 Lies noch einmal die Zeilen 29–36.
Kannst du verstehen, warum die Mutter böse wird?
Schreibe deine Meinung begründet ins Heft.
Die Mutter wird böse, weil ...

5 In welcher Zeile im Text sagt die Mutter zu Anna, dass es Drachen gar nicht gibt? Markiere sie.

6 Warum wird die Mutter ganz blass, als sie die Haustür öffnet?
Schreibe ins Heft.

Märchen lesen

Datum: ____________

1 Sprich mit einem Partnerkind.
Was meint Flex?
Welche Märchen oder Märchenfiguren kennst du?

____
Unterschrift Partnerkind

2 Lies das Märchen.

Das Kätzchen und die Stricknadeln
von Ludwig Bechstein, nacherzählt von Marlis Arnold

Es war einmal eine arme Frau, die ging in den Wald, um Holz zu sammeln. Als sie mit ihrem Holzbündel auf dem Rückweg war, sah sie ein krankes Kätzchen, das jämmerlich schrie. Die arme Frau nahm es mitleidig in ihre Schürze und trug es nach Hause.
Sie legte das Kätzchen zuhause auf alte, weiche Wolldecken und gab ihm zu trinken. Dem Kätzchen ging es von Tag zu Tag besser, und als es wieder ganz gesund war, war es mit einem Mal verschwunden.
Nach einiger Zeit ging die arme Frau wieder in den Wald.
Als sie an die Stelle kam, wo das kranke Kätzchen gelegen hatte, stand dort eine vornehme Dame. Sie winkte die arme Frau zu sich und warf ihr Wolle und Stricknadeln in die Schürze.
Die Frau wusste nicht, was sie von dem Geschenk halten sollte, doch abends legte sie die Wolle und die Stricknadeln auf den Tisch.
Als sie am nächsten Morgen aufstand, lag auf dem Tisch ein Paar fertig gestrickter Strümpfe.

An diesem Abend legte sie Wolle und Stricknadeln wieder auf den Tisch, und am Morgen darauf lag wieder ein Paar warmer Strümpfe da. Jetzt merkte die Frau, dass die vornehme Dame eine Fee gewesen war. Sie hatte ihr für ihr Mitleid mit dem kranken Kätzchen die Wolle mit den fleißigen Nadeln geschenkt. Die ließ sie nun jede Nacht stricken, bis sie und ihre Kinder genug warme Strümpfe hatten. Die anderen verkaufte sie und von diesem Tag an mussten sie nie wieder Not leiden. *(gekürzt, verändert)*

3 Markiere die Antworten im Märchen.

a) Wem hilft die arme Frau?

b) Wer gibt der armen Frau ein Geschenk?

c) Was bekommt die arme Frau geschenkt?

4 Was ist das Besondere an dem Geschenk? Schreibe ins Heft.

5 Lies die Sätze. Was passt zum Märchen auf den Seiten 56–57? Kreuze an.

Diese märchenhafte Figur kommt vor:

☐ ein Zwerg. ☐ eine böse Stiefmutter. ☐ eine Fee. ☐ ein König.

Das Märchen spielt…

☐ im Schloss. ☐ im Hexenhaus. ☐ im Wald. ☐ im Brunnen.

Es geht im Märchen um eine Figur, …

☐ die Gutes tut. ☐ die Aufgaben lösen muss. ☐ die in Gefahr gerät.

Dieser Märchensatz kommt vor:

☐ Es war einmal … ☐ Und wenn sie nicht gestorben sind …

6 Erzähle das Märchen einem Partnerkind mit eigenen Worten nach.

____
Unterschrift Partnerkind

Märchen sind alte Geschichten.
Sie wurden früher zur Unterhaltung erzählt. In ihnen passiert Wundersames, und es kommen besondere Figuren, Orte und Dinge vor.

Märchenmerkmale erkennen

Datum: ____________

1 Lies das Märchen.

Die Wassernixe

nach den Brüdern Grimm, nacherzählt von Marlis Arnold

Es waren einmal Bruder und Schwester, die spielten an einem Brunnen. Wie sie so spielten, plumpsten beide in den Brunnen hinein.

Da unten hauste aber eine Wassernixe, die sprach: „Jetzt habe ich euch, jetzt sollt ihr für mich arbeiten!“ Und sie schleppte die Kinder mit sich fort. Dem Mädchen gab sie Flachs zu spinnen, und es musste Wasser schleppen. Der Junge sollte einen Baum umhauen, aber die Axt, die sie ihm gab, war stumpf. Zu essen bekamen sie nichts anderes als steinharte Klöße. Da wurden die Kinder ganz verzweifelt. Sie warteten, bis eines Sonntags die Nixe in die Kirche ging. Dann entflohen sie.

Als die Nixe heimkam, merkte sie, dass die Kinder fortgelaufen waren, und setzte ihnen mit großen Sprüngen nach. Die Kinder aber sahen die Nixe von Weitem kommen. Da warf das Mädchen eine Bürste hinter sich. Das gab einen großen Bürstenberg mit tausend und tausend Stacheln. Die Nixe musste mühsam hinüberklettern, das dauerte eine Weile, aber schließlich schaffte sie es doch.

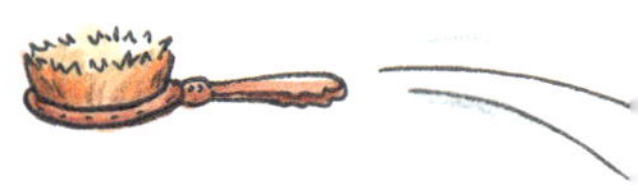

Als die Kinder das sahen, warf der Junge einen Kamm hinter sich. Das gab einen großen Kammberg mit tausend und tausend Zinken. Aber die Nixe konnte sich daran festhalten und kam zuletzt auch darüber.

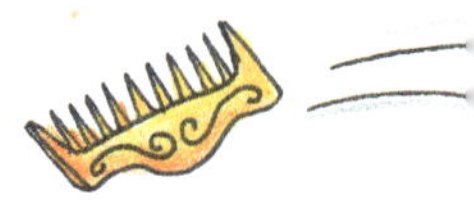

Da warf das Mädchen einen Spiegel hinter sich, und es entstand ein Spiegelberg, der war so glatt, dass die Nixe unmöglich drüber konnte. Immer wieder rutschte sie ab. „Ich will geschwind nach Hause gehen“, dachte sie. „Ich will meine Axt holen und den Spiegelberg entzweischlagen.“

Bis sie aber mit der Axt kam, waren die Kinder schon weit, weit fort. Die Wassernixe konnte sie nicht mehr fangen und musste sich wieder in ihren Brunnen trollen.

(gekürzt, verändert)

Datum: ______________

2 Suche im Märchen **Die Wassernixe** Märchenmerkmale.
Unterstreiche sie in den passenden Farben.

Figuren (Wer?):	König/Königin, Prinz/Prinzessin, Fee, Hexe, Bruder und Schwester, Zwerg, Riese, Nixe, sprechende Tiere, Jäger, …
Orte (Wo?):	Wald, Schloss, Brunnen, Mühle, …
Handlung (Was?):	• Jemand kommt in große Not. • Jemand muss schwierige Aufgaben lösen. • Zauberdinge helfen in großer Gefahr. • Gute Taten werden belohnt. • Das Märchen geht gut aus. • …
Besondere Gegenstände:	eine goldene Kugel, ein Spiegel, ein Kamm, ein fliegender Teppich, ein vergifteter Apfel, eine Spinnnadel, eine Bürste, …
Gegensätze (Wie?):	gut – böse, arm – reich, schlau – dumm, faul – fleißig, schön – hässlich, …
Zauberzahlen:	3, 7, 12, 13, …
Märchenenden:	• Gutes wird belohnt. • Alles geht gut aus. • Böses wird bestraft. • …
Anfangssätze:	• Einst lebte … • Vor langer Zeit … • Es war einmal … • …
Schlusssätze:	• Und wenn sie nicht gestorben sind, … • So lebten sie glücklich … • …

Datum: ______________

1 Lies den Anfang des Märchens als Comic und als Märchentext.

Rotraut Susanne Berner

Daumesdick
nach den Brüdern Grimm

1 Es war ein armer Bauer, der saß abends beim Feuer.
Die Frau saß daneben und spann Wolle. Da sprach der Bauer:
„Wie ist es so traurig, dass wir keine Kinder haben! Es ist so still bei uns,
und in den anderen Häusern ist es so laut und lustig.“

Datum: ______________

„Ja“, antwortete die Frau und seufzte. „Nur ein einziges Kind, und selbst wenn es ganz klein wäre, nur Daumens groß, ich wäre zufrieden und wir hätten es von Herzen lieb.“

Nun geschah es, dass die Frau nach sieben Monaten ein Kind bekam, aber es war nicht länger als ein Daumen. Da sprachen sie: „Es ist, wie wir es uns gewünscht haben, und es soll unser liebes Kind sein.“

Und weil es so klein war, nannten sie es Daumesdick.

Sie gaben dem Kind reichlich zu essen, aber es wurde und wurde nicht größer. Bald zeigte sich jedoch, dass Daumesdick ein schlauer und geschickter Junge war, dem alles glückte, was er anfing.

Einmal wollte der Bauer in den Wald gehen und Holz fällen. Er sprach: „Ach, wenn da nur einer wäre, der mir den Wagen nachbrächte.“

„O Vater“, rief Daumesdick, „den Wagen will ich schon bringen, verlass dich drauf.“

Da lachte der Mann und sprach: „Wie soll das denn gehen? Du bist viel zu klein, um das Pferd mit dem Zügel zu halten.“

„Das tut nichts, Vater. Ich setze mich einfach dem Pferd ins Ohr und rufe ihm zu, wie es gehen soll.“

„Nun“, antwortete der Vater, „wir wollen es versuchen.“ *(gekürzt, verändert)*

2 Wo findest du die Antworten auf die Fragen? Kreuze an.

	Comic	Märchentext
Wie sehen die Eltern von Daumesdick aus?	☐	☐
Wo schläft und isst Daumesdick?	☐	☐
Was kann Daumesdick mit sieben Jahren?	☐	☐
Ist Daumesdick ein kluger Junge?	☐	☐
Wie hilft Daumesdick seinem Vater?	☐	☐

3 Welche Form des Märchens würdest du lieber weiterlesen? Begründe und schreibe ins Heft.

4 Wie geht das Märchen weiter? Finde es heraus. Erzähle es einem Partnerkind.

Bücher lesen und vorstellen

Datum: ______________

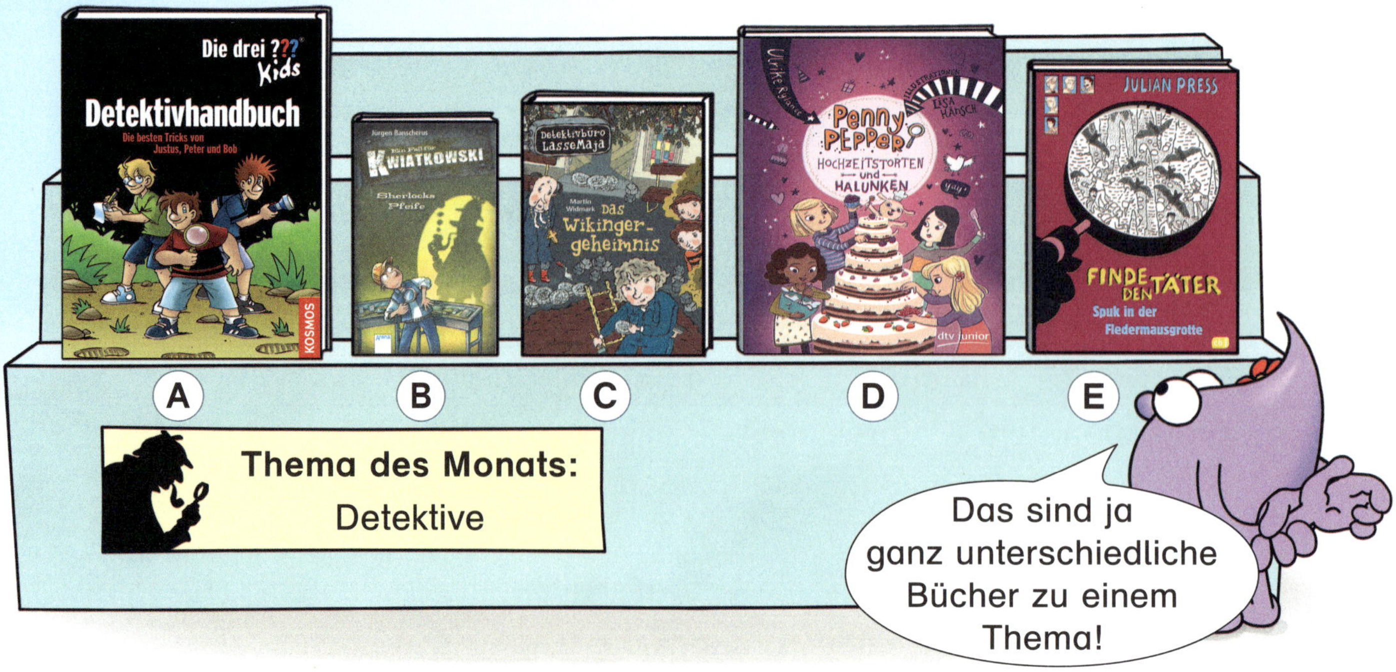

1 Sprich mit einem Partnerkind.
Was meint Flex?

____
Unterschrift Partnerkind

2 Welches dieser Bücher würdest du dir aussuchen?

Schreibe den Buchstaben: ______

3 Lies, was auf den Rückseiten der Bücher von oben steht.
Schreibe **A B C D E** in die Kreise vor die Texte.

◯ ☆ ☆ ☆ ☆ ☆	Penny und ihre Detektivfreundinnen sind ganz aufgeregt: Endlich heiraten ihre Klassenlehrerin und der Hausmeister der Schule. Da muss ein super Geschenk her. Mit Hilfe eines französischen Konditors backen und verzieren sie die Hochzeitstorte. Die perfekte Überraschung! Doch dann verschwindet die Torte …
◯ ☆ ☆ ☆ ☆ ☆	Schätze in Valleby? Als in der schwedischen Kleinstadt archäologische Ausgrabungen stattfinden, sind alle in heller Aufregung: Und tatsächlich werden große Mengen an Silbermünzen aus der Wikingerzeit gefunden! Doch die Freude wird getrübt, als kurz darauf am Fundort eingebrochen wird. Zum Glück sind Lasse und Maja zur Stelle, um zu ermitteln.

Verschiedene Bücher zu einem Oberthema kennenlernen
Ein Buch interessenbezogen auswählen
Klappentexte lesen

◯ ☆ ☆ ☆ ☆ ☆	Ein neues Detektivmuseum in der Stadt? Das muss Kwiatkowski sehen! Dem Museumsbesuch folgt auch prompt ein Auftrag: Das wertvollste Ausstellungsstück wurde gestohlen – die Pfeife von Sherlock Holmes. Ehrensache, dass Kwiatkowski den Fall übernimmt!
◯ ☆ ☆ ☆ ☆ ☆	In diesem Buch erfährst du alles über Geheimschriften, Spurensuche und Detektivausrüstungen. Justus, Peter und Bob erzählen, was man braucht, um auch den kniffligsten Fall lösen zu können. Dazu gibt es Bastelanleitungen und Tipps, wie du einen eigenen Detektivclub gründen kannst. So wirst du ein Meisterdetektiv oder eine Meisterdetektivin!
◯ ☆ ☆ ☆ ☆ ☆	Philipp, Flo, Caro, Leo und Kommissar Lars teilen eine Leidenschaft: ungelöste Detektivfälle! Mit kriminalistischem Durchblick und scharfen Augen gilt es, die Hinweise in den Wimmelbildern zu finden, bevor die aufregende Gaunerjagd auf der nächsten Buchseite weitergeht.

4 Wie gefallen dir die Bücher? Vergib Sterne. Male sie an.

5 Welches Buch würdest du dir jetzt aussuchen?
Hat sich deine Meinung nach dem Lesen der Texte verändert? Begründe.

Ich wähle Buch

Es gibt viele verschiedene **Arten von Büchern**.
In einem **Kinderroman** wird etwas erzählt.
Das kann interessant, spannend, lustig oder traurig sein.
Ein **Sachbuch** informiert über Dinge oder Lebewesen.
Außerdem gibt es noch **Märchenbücher**, **Kochbücher**, **Schulbücher**, …

Datum: ______________

1 Lies die Texte und schau dir die Bücher an.

Wie sichere ich Fingerabdrücke?
Material:
- ein feiner Pinsel
- Fingerabdruckpulver
  (z.B. Backpulver oder Kakaopulver)
- klares Klebeband
- Papier

So geht's:
Tupfe den Pinsel in das Pulver.
Streiche dann vorsichtig
über den Fingerabdruck.

„Das kann doch nicht wahr sein", schimpft Azra. „Was ist denn passiert?", fragt Loui erschrocken. „Schon wieder liegt der ganze Müll auf dem Schulhof herum. Alle Mülleimer sind umgestoßen." „Da muss etwas passieren", sagt Loui entschlossen. „Die Wölfe müssen ermitteln." „Gute Idee!", erwidert Azra. „Lass uns in der Pause mit den anderen Wölfen darüber sprechen. Unser Hausmeister Herr Morawitz hilft uns bestimmt."

Die Kaufhaus-Detektive

Es fällt herab vom Himmel,
ist weißer als ein Schimmel,
ist wie ein Bettchen weich.
Zerfließt zu Wasser gleich
und macht dann nass.
Was ist wohl das?

Comic

A

Gedichtsammlung

B

Sachbuch

C

Kinderroman

D

2 Welche Textsorte gehört zu welchem Buch?
Schreibe **A B C D** zu den Texten von Aufgabe 1.

3 Woran hast du erkannt, welcher Text zu welchem Buch gehört?
Erkläre es einem Partnerkind.

____
Unterschrift Partnerkind

Kinderbuchfiguren kennenlernen

Datum: ____________

1 Lies die Texte und schau dir die Bilder an.

Das Sams ist ein ganz besonderes Wesen.
Es hat keine Angst und ist ziemlich frech.
Das Sams singt und dichtet gern.
Wenn man sich etwas von ihm wünscht, dann geht es in Erfüllung. Das Sams hat nämlich Wunschpunkte.
Leider sind die aber irgendwann aufgebraucht.

Lotta ist zehn Jahre alt und eigentlich ganz normal.
Leider passieren ihr aber immer wieder seltsame Dinge.
Daran scheint auch eine indische Blockflöte nicht ganz unschuldig zu sein.
Zusammen mit ihrer Freundin Cheyenne meistert Lotta so manche Krise und lernt viel über Freundschaft.

Greg Heffley hat es nicht immer leicht. In der Schule will er möglichst cool und beliebt sein. Dabei ist er aber zu seinem besten Freund Rupert manchmal ganz schön gemein. Sein Bruder Rodrick ist ihm auch keine große Hilfe, denn seine Ratschläge führen Greg in so manche Katastrophe.

2 Lies die Tabelle. Kreuze an.

Diese Figuren kenne ich …	… aus einem Buch.	… von einer Hör-CD.	… aus einem Film.	… gar nicht.
das Sams	☐	☐	☐	☐
Lotta	☐	☐	☐	☐
Greg	☐	☐	☐	☐

3 Sprich mit einem Partnerkind.
Was gefällt dir, wenn du etwas liest,
wenn du etwas hörst und
wenn du etwas anschaust?
Was sind die Unterschiede?

____
Unterschrift Partnerkind

Das eigene Leseverhalten reflektieren

Datum: ______________

1 Wo liest du gern?
Male oder schreibe.

2 Kreuze an oder schreibe.

a) Was liest du am liebsten?

- ☐ Sachbücher
- ☐ Kinderromane
- ☐ kurze Geschichten
- ☐ Zeitschriften
- ☐ Comics
- ☐ Märchen

☐ etwas anderes: ______________

b) In welchem Buch möchtest du gern selbst eine Person oder ein Tier sein?

____

c) Welche Person oder welches Tier möchtest du gern sein? Begründe.

____

____

d) Welches Buch würdest du zum Lesen in die Ferien mitnehmen?

____

e) Was stört dich beim Lesen?

____

f) Wann und wo kannst du dich beim Lesen besonders gut konzentrieren?

____

____

Über Leseorte nachdenken
Über Prioritäten bei der Auswahl von Textsorten nachdenken
Über Lieblingsfiguren in Büchern nachdenken

Ein Buch mit einem Lesetipp vorstellen

Datum: ____________

1 Wähle ein Buch aus, das du gern gelesen hast.
Schreibe.

Titel des Buches: ______________________________

Autor/Autorin: ______________________________

2 Welche Art von Buch ist es? Kreuze an oder schreibe.

☐ Kinderroman ☐ Sachbuch ☐ Comic ☐ ______________

3 Beantworte die W-Fragen.

a) **Wer?** Welche Personen, Tiere oder Dinge kommen im Buch vor?

____

b) **Wo?** Wo spielt die Geschichte? Welche wichtigen Orte kommen vor?

____

c) **Was?** Worum geht es in dem Buch?

____

____

d) **Warum?** Was gefällt dir an dem Buch besonders gut?

____

____

4 Gestalte eine Klappkarte mit einem Lesetipp.
Nutze die Vorlage hinten im Heft.
Male oder klebe passende Bilder auf.

5 Stelle dein Buch einem Partnerkind vor.
Deine Klappkarte hilft dir dabei.

____
Unterschrift Partnerkind

Recherchieren und präsentieren

Datum: ______________

1 Sprich mit einem Partnerkind.

a) Was meinen Flex und Flora?

b) Zu welchem Thema hast du schon einmal Informationen gesammelt?

c) Wo hast du diese Informationen gesucht und gefunden?

d) Wie hast du sie präsentiert?

____
Unterschrift Partnerkind

2 Welche Autorin oder welchen Autor kennst du? Schreibe.

____

Wenn du nach Informationen zu einem bestimmten Thema suchst, nennt man das **recherchieren**. Bei der **Recherche** helfen dir Medien wie Bücher, Suchmaschinen oder Websites im Internet, aber auch Gespräche mit anderen und Interviews.
Deine Ergebnisse stellst du anderen vor. Das nennt man **präsentieren**.
Es gibt verschiedene Arten der **Präsentation**: Vortrag, Plakat, Ausstellung, …

Möglichkeiten der Recherche und Präsentation kennenlernen
Über eigene Erfahrungen zu Recherche und Präsentation nachdenken
Vorwissen zu Autoren und Autorinnen abrufen

Information und Werbung unterscheiden

Datum: ____________

1 Lies die beiden Suchergebnisse aus dem Internet.

Rüdiger Bertram
Geboren in Ratingen im Mai 1967, lebt Rüdiger Bertram heute davon, sich Geschichten für Kinder auszudenken. Viele seiner mittlerweile über 70 Bücher wurden von seinem Nachbarn Heribert Schulmeyer illustriert. Darunter auch die bekannte COOLMAN-Reihe, die in über 25 Ländern erschienen ist. Bertram lebt mit seiner Familie in Köln, ist aber eher selten zu Hause, weil er so viel auf Lesereise ist. *(gekürzt)*
https://www. ...
(A)

Rüdiger Bertram
Sichere dir jetzt in unserem Online-Shop ein druckfrisches Exemplar seines neusten Buches. Bestell noch heute! Die ersten 20 Bestellungen werden mit einer Original-Autogrammkarte des Kölner Autors belohnt. Nimm auch an unserem Gewinnspiel teil!
Weitere Informationen unter *https://www. ...*
(B)

2 Lies die Fragen. Kreuze an.

a) Welcher der beiden Texte ist ein Werbetext? ☐ **A** ☐ **B**

b) Woran erkennst du, dass dieser Text ein Werbetext ist?

☐ Ich erhalte viele verschiedene Informationen über den Autor.
☐ Ich werde aufgefordert, etwas zu kaufen.

3 Lies den Text über **Gewinnspiele im Internet**.

Ein Gewinnspiel ist immer eine Art von Werbung. Durch das Spiel soll ein Produkt bekannter werden. Nimmst du daran teil, musst du oft viele persönliche Daten wie Adresse, Geburtsdatum, E-Mailadresse, ... angeben. Firmen können deine Daten verkaufen und du bekommst viel Werbung. Manchmal sind Kinder von Gewinnspielen ausgeschlossen. Dort steht dann: Teilnahme erst ab 18 Jahren.

4 Warum solltest du immer deine Eltern fragen, bevor du an Gewinnspielen teilnimmst? Schreibe ins Heft.

Im Internet zu Büchern recherchieren

Datum: ______________

1 Der Autor Rüdiger Bertram hat einige Buchreihen veröffentlicht.
Welche Buchreihe interessiert dich? Kreuze an.

- ☐ Coolman und ich
- ☐ Superschurke
- ☐ Stinktier und Co.
- ☐ Voll super, Helden
- ☐ Retter der verlorenen Bücher
- ☐ Finns fantastische Freunde
- ☐ Frieda Kratzbürste

2 Gehe im Internet auf die Seite *www.antolin.de*.
Gib in das Suchfeld ein, was du bei Aufgabe 1 angekreuzt hast.
Klicke dann auf die Lupe.

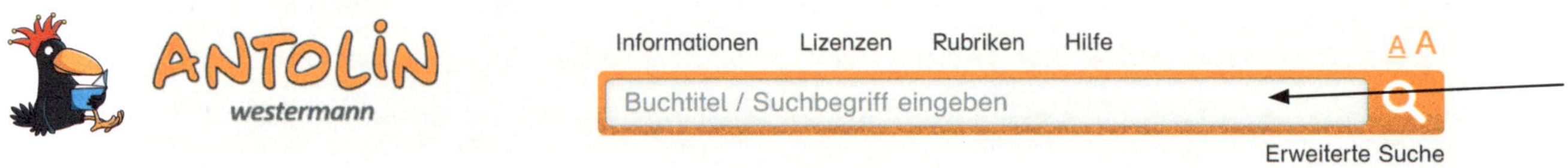

3 Wähle ein Suchergebnis aus und klicke es an.
Schreibe.

Titel des Buches: ______________________________

Band: __________ Empfohlen ab Klasse __________

4 Lies die Inhaltsangabe zu dem Buch.
Würdest du das Buch lesen wollen? Schreibe und begründe.

____

____

5 Gib unter *www.antolin.de* den Namen **Rüdiger Bertram** in das Suchfeld ein.
Klicke auf die Lupe.
Finde in den Suchergebnissen ein Buch, das in eine andere Sprache übersetzt wurde. Schreibe.

Titel des Buches: ______________________________

Ein Interview lesen

Datum: ______________

1 Rüdiger Bertram hat ein Interview gegeben. Lies seine Antworten.

(A) Ich glaube, am liebsten wäre ich Coolman, weil der sich so viele Sachen leisten darf, die man im normalen Leben nicht machen sollte.

(B) Das würde ich sehr gern im Kino sehen. Ich weiß aber gar nicht, ob ich am Drehbuch mitarbeiten möchte. Aber mich in einen großen Kinosaal zu setzen und zu schauen, was dabei rauskommt, das würde mich sehr interessieren.

(C) Ich brauche tatsächlich immer Musik zum Schreiben. Ich höre sehr viel klassische Musik. Das beruhigt mich und gibt mir einen Hintergrundteppich, auf dem ich gut schreiben kann.

(D) Ich habe sehr viel gelesen. Ich war fast jeden Tag in der Bücherei und hatte immer große Angst vor dem Tag, wenn ich in die Bücherei komme und alles gelesen habe, was es in der Kinderbücherei gibt.

(E) Ich bin in der glücklichen Lage, fast überall schreiben zu können. Ich habe hier in meiner Wohnung ein Zimmer, ein Arbeitszimmer, in dem ich schreibe. Ich kann den Laptop aber auch im ICE auf Lesereise aufklappen oder ins Café gehen.

2 Ordne die Fragen den Antworten von Rüdiger Bertram zu.
Schreibe die Buchstaben **A B C D** der passenden Antworten in die Kreise.

◯ Hören Sie Musik beim Schreiben?

◯ Haben Sie als Kind gern gelesen?

◯ Welche Figur in Ihren Büchern möchten Sie gern sein?

◯ Würde es Ihnen gefallen, wenn die Bücher von Coolman verfilmt werden würden?

3 Schreibe die fehlende Frage zur letzten Antwort.

____

1 Über welche Autorin oder welchen Autor möchtest du ein Plakat erstellen? Kreuze an oder schreibe.

☐ Ingo Siegner ☐ Margit Auer ☐ Cornelia Funke

☐ ______________________________

2 Gib den Namen in eine Kindersuchmaschine ein. Suche Informationen zu diesen Punkten. Schreibe ins Heft.

- allgemeine Informationen (Name, Alter, …)
- Bücher
- Besonderheiten
- …

Ich suche auf der Internetseite *www.fragfinn.de*.

3 Suche im Internet nach einem Foto der Autorin oder des Autors. Drucke es aus oder male selbst ein Bild.

4 Gestalte ein Lernplakat zu der Autorin oder dem Autor. Beachte die Tipps.

Tipps für ein Lernplakat

Schrift
- Schreibe die Texte auf Kärtchen oder Papierstreifen.
- Schreibe in gut lesbarer Schrift.
- Schreibe so, dass die Schrift mindestens zwei Zentimeter groß ist.
- Schreibe Überschriften immer doppelt so groß wie die übrige Schrift.

Aufbau
- Finde oder erstelle Fotos, Bilder oder Zeichnungen für dein Plakat.
- Hebe Wichtiges durch Farben hervor.
- Lege die Kärtchen oder Papierstreifen auf das Plakat. Wie möchtest du sie anordnen? Probiere aus.
- Klebe dann alles auf das Plakat.

5 Präsentiere die Autorin oder den Autor mithilfe deines Lernplakats.

Das kann ich jetzt

In diesem Heft habe ich
diese **Geschichten** gern gelesen:

Titel: ______________________ Seite: ______

Titel: ______________________ Seite: ______

Ich kenne außerdem noch diese **Geschichten**:

____

____

____

In diesem Heft habe ich diese **Sachtexte** gern gelesen:

Titel: ______________________ Seite: ______

Titel: ______________________ Seite: ______

Ich kenne außerdem noch **Sachtexte** zu diesen Themen:

____

____

____

In diesem Heft habe ich diese **Gedichte** gern gelesen:

Titel: ______________________ Seite: ______

Titel: ______________________ Seite: ______

Ich kenne außerdem noch diese **Gedichte**:

____

____

Das kann ich jetzt

Diese **Bücher** habe ich mir ausgesucht und gelesen:

Ich kenne diese **Autorinnen** oder **Autoren**:

Ich kenne diese **Figuren** aus Büchern oder Geschichten:

Wenn ich Texte lese, helfen mir diese **Strategien**:

- ☐ Ich schaue mir die Überschrift und die Bilder an.
- ☐ Ich überlege, was ich zum Thema weiß.
- ☐ Ich frage nach, wenn ich etwas nicht verstehe.
- ☐ Ich überlege nach jedem Absatz, was ich gelesen habe.
- ☐ Ich spreche nach dem Lesen mit anderen über den Text.
- ☐

Ich nutze diese **Medien**:

Warum?

Darum gefällt mir das Buch besonders gut:

Lesetipp

Titel des Buches:

Autor / Autorin:

Illustrator / Illustratorin:

Dieser Lesetipp ist von:

Wer?

Diese Personen, Tiere oder Dinge kommen im Buch vor:

Wo?

Hier spielt die Geschichte:
Diese Orte spielen eine wichtige Rolle:

Was?

Darum geht es in dem Buch:

Wie?

So ist das Buch:

- [ ] lustig
- [ ] spannend
- [ ] interessant
- [ ] traurig
- [ ]